제주에서
내 식당
창업하기

제주에서
내 식당
창업하기

글 진태민·디렉팅 ㈜요술콩

harmonybook

그동안 내 인생에 이렇게
열정적인 순간이 있었던가?

매일 스스로 놀라는 하루하루를 보내고 있다. 아침에 일어나서 산책하는 것도, 공간을 찾아본다고 제주시에서 서귀포까지 왕복했던 시간도, 가게 문을 처음 열었던 순간의 기억도, 요리책을 주문하고 기다리는 설렘도, 도착한 책을 읽다가 잠이 드는 순간도, 하나같이 소중하다. 나를 알던 사람이 지금 이 순간의 내 모습을 본다면 얼마나 낯설까?

중학교 2학년 때였던 것 같다. 습관처럼 텔레비전을 켰는데 감자를 묘기처럼 깎는 아저씨가 나왔다. 감자를 깎는 모습이 왜 그렇게도 신기했을까? 정신없이 빠져들어서 봤다. 그 프로그램은 '성공시대'라는 제목의 자수성가 한 사람들을 소개하는 다큐멘터리 방송이었다. 그날의 주인공은 '박효남'이라는 명장이었는데, 어릴 때 사고로 손가락 하나를 잃었지만, 명실공히 양식 요리의 대가로 성장한 분이다.

막연히 요리를 전공하고 싶다는 생각을 한 것은 아마 그때가 시작이 아닐까. 활활 타오르는 불 위에서 큰 팬을 휘두르며 음식을 조리하고 접시 위에 예쁘게 플레이팅한 후 손님이 맛있게 먹는 모습을 멀리서 팔짱을 끼고 흐뭇하게 바라보는 커다란 모자를 쓴 나의 미래를 생각하며.

조리 고등학교에 진학한다고 했을 때 부모님의 반대는 생각보다 더 심했다. 학교 공부에 뜻이 없었고, 학교생활은 별 재미가 없었던 학창시절을 보내고 있었기 때문에 무언가 하고 싶은 일이 생겼다는 것만으로도 부모님이 응원해주실 줄 알았던 나로서는 의외였다. 부모님께서는 이번에도 쉽게 흥미를 잃고 빨리 포기할 것이라고 생각하셨던 것 같다. 요리가 힘든 일이라는 것 역시 하나밖에 없는 아들에게 권하고 싶지 않은 이유였을테다.

하지만 자식을 이길 수는 없었다.

다른 사람들이 야간자율학습을 할 때 요리학원에 다녔다. 하지만 요리는 생각보다도 더 어려웠다. 쉴 새 없이 움직이고 끊임없이 다쳤다. 밴드는 필수품이었고 손은 점점 더 거칠어졌다. 요리는 쉽게 늘지 않았다. 한식 조리사 자격증은 무려 7번이나 떨어졌다. 8번 만에 붙었으니 7전 8기라는 말의 산증인이다.

오기가 생겼다. 힘들다는 말은 하고 싶지 않았다. 그렇게 대학에서 요리를 전공하게 되었다. 꿈을 이룬 것이다. 고향을 떠나 서울로 가는 기분도 좋았다. 뭔가 큰 세상에 나가는 것 같았다. 그렇게 장밋빛 미래가 펼쳐질 줄 알았다. 졸업 후 구직사이트에 기계처럼 이력서를 넣고 하염없이 연락을 기다려도 소식이 없는 일이 생기기 전까지는.

어쩌다 보니 첫 직장은 요리와 상관없는 곳이었다. 어쩌면 다행이라고 생각했다. 이렇게 회사에 다니면서 안정된 삶을 사는 것도 나쁘지 않을 것 같았다. 그런데 뭔가 문득문득 아쉬웠다. 일상의 편안함이 주는 즐거움만으로는 채워지지 않는 순간이 찾아왔다. 과감하게 회사를 그만두고 캐나다로 떠났다. 아니 어디라도 떠나야겠다고 생각했다. 여행을 다녀오면 뭔가 정리되어 있을 것만 같았다.

캐나다 어학연수가 전국 여행으로, 제주도 생활로 이어질 줄 알았을까. 그때 과감하게 일을 그만두지 않았다면 지금은 뭘 하고 있을까? 이 아름다운 섬에서 매일 매일 살아있다는 기분을 느끼며 요리에 대한 열정을 다시 찾게 될 것이라고 상상이나 할 수 있었을까?

BURGER STAY

목 차

제주도 내식당 창업 프로젝트 도전기 chap. 5

세화에서 수제버거 가게로 살아남기

부록

그 옛날 사회적인 분위기는 음식업에 대한 인식이 좋은 편이 아니었다. 부모의 욕심으로 요리사가 되는 걸 엄청나게 반대했지만 기어코 음식 전공 대학을 진학하는 걸 보며 더 이상 참견하지 않았다. 그때부터 지금까지 아들은 어떤 일이든 혼자 선택하고 결정하고 책임지는 오뚜기 인생으로 살았다. 나 역시 이제는 보통 사람들이 즐겨 먹는 버거를 소비자에게 책임지고 맛있고 품질 좋게 건넬 수 있는 매력 넘치는 요리사가 되길 진심으로 응원한다. 언제나 고객의 입맛을 사로잡을 수 있으려면 끊임없는 도전 의식과 품질 향상에 투자하는 철저한 자기관리가 늘 필요할 것이다. 때때로 저 넓은 세상을 여행하며 다른 문화도 보고 느끼고 받아 누릴 수 있는 특별한 시간을 보내는 풍요로운 삶을 살았으면 좋겠다. 그 또한 성장 할 수 있는 기회의 산실이라 믿는다.

어렵고 힘들 땐 기다릴 줄 아는 여유가 있고, 배고프지 않으면 이웃에게 작은 나눔도 베푸는 매너 좋은 요리사가 되면 어떨까? 항상 사업이 번창하길 기원하며 건강하고 행복한 삶이 영글길 축원한다.

이 자리를 빌어 꼭 하고 싶은 말이 있다. 어머니 아버지는 아들이 장가갔으면 좋겠다.

- 진병택

길을 떠나면 길이 된다

서울! 서울! 서울?

서울 생활은 나에게 어떤 의미였을까? 어렸을 때부터 가끔 부모님을 따라갈 때마다 동경했던 서울. 그 장소에 나만의 터전이 생긴 것만으로 만족하기엔 녹록하지만은 않은 삶이었다. 그래도 쑥고개라는 정겨운 이름에서 피어 나오던 오래된 건물의 느낌만큼은 어느 영화의 한 장면처럼 아직도 떠오른다.

생각했던 요리사의 기회는 쉽게 찾아오지 않았지만, 서울에서의 삶은 이어나가야 했다. 직장을 구하기 위해서는 토익 점수가 필요했고 학원비 마련을 위해 아르바이트를 병행하기로 했다. 이렇게 운명은 우연처럼 다가온다. 이때의 선택이 내 인생을 이렇게 바꿔놓을 줄이야!

토익학원은 강남에 있는 곳이었다. 매일 아침 6시 30분 신림역에 도착하면 먹이를 찾아 줄지어 가는 개미가 된 기분이었다. 아무 생각 없이 따라가다 보면 어느새 강남역의 높은 빌딩들 사이에 혼자 서 있는 나를 발견할 수 있었다. 그 많은 사람은 어디로 갔을까? 이 높은 빌딩들 사이에 내가 있을 공간은 있을까?

영어 듣기 평가와 문법으로 충분히 고통받은 하루의 끝에는 아르바이트가 기다리고 있었다. 그야말로 개미의 삶이다. J 샌드위치라는 열 평 남짓한 작은 프렌차이즈 가게였다. 규모도 작고 프렌차이즈라 시스템도 마련되어 있으니 공부하면서 하기에 널널하지 않을까? 약간의 계산도 더해진 선택이었다. 요리가 전공인데 샌드위치쯤이야! 20대 청년의 무모한 자신감이 흘러넘쳤다.

착각이었다. 샌드위치 조립, 커피, 고객 응대 크게 3가지 부류의 업무가 있었는데 그 어느 하나 쉬운 일이 없었다!! 이론과 현실이 이렇게 다를 줄이야! 현장은 수업에서와 달리 대량의 재료를 엄청난 속도로 처리해야 했다.

학원 수업을 마치고 지쳐서 들어온 내게 주어진 일은 식재료 관리, 밑손질, 그리고 청소와 또 청소였다. 매주 금요일은 환풍기를 청소하는 날이었는데, 그때마다 사장님은 '음식에서 위생이 가장 중요하다'고 강조하고 또 강조했다. 몸이 피곤한 건 차라리 나았다. 가장 힘든 건 그렇게 열심히 했음에도 불구하고 손님이 없는 날 몰아치는 허탈함이었다.

그런데 내게 고객 응대 능력이 있을 줄이야. 다른 직원들보다 손님 얼굴을 잘 기억한다는 칭찬을 받았다. 한 번 주문했던 메뉴를 기억하며 응대하면 고객들은 굉장히 반가워했다.

손님과 소통했다는 느낌을 받으면 그 손님은 반드시 재방문했다. 자연스럽게 손님의 특징을 더 기억하려고 노력했다.

잘한다는 말을 들으니 더 의욕도 생겼다. 강남역을 다니는 많은 사람에게 어떻게 눈에 띌 수 있을까를 고민하다가 인형탈을 쓰고 홍보하는 방법을 생각했다. 지금 생각해도 정말 열정적이었던 시절이었던 것 같다.

그래도 역시 가장 즐거웠던 건 재료들의 조합이 조금만 달라져도 맛이 변하고, 소스에 따라 또 변하는 샌드위치들을 연구하며 재료의 성향들을 파악해 최고의 레시피를 찾아가는 일이었다. 물론 사장님의 레시피를 보조하는 일에 불과했지만 만드는 사람이 달라지면 미묘하게 맛도 변했다. 그럴 때마다 서로 자신의 손맛이 최고라고 주장했다! 하하.

서툴렀던 포장이 익숙해지는 동안 토익점수도 올라갔다. 실력은 올라가는데 자신감은 왠지 계속 떨어졌다. 요리라는 게 생각보다 만만치 않았다. 영어는 해도 해도 모자라는 느낌이었다. 그럴 때 주변 사람들의 이야기가 귀에 들어왔다. 해외 생활이 인생에 큰 자극이 되었다는 내용이었다. 서울이 가장 큰 도시인 줄 알았던 인생에 해외라니! 더 큰 세상이 있다니!

목표 점수를 이뤘을 때 이력서를 쓰고 취업을 했다면 서울에서 평범한 직장인의 삶을 살았을까? 머리는 취업만 남았다고 말하는데 가슴 속에서 자꾸 욕심이 났다. 요리도 조금만 더 잘하면, 영어도 조금만 더 잘하면 너무나도 좋을 것 같았다. 그때 마침 아주 우연하게도 유학원이 눈에 들어왔다. "상담만 받아볼까?" 하는 마음으로 들어갔다고 생각했지만, 사실은 이미 답을 정해놨던 것 같다.

서울의 삶을 지탱해주던 보증금은 캐나다로 떠나기 위한 자금이 되었다. 주사위가 던져진 것이다.

　모든 것이 좋았다. 이름도 생소한 핼리팩스라는 캐나다의 소도시에서 외국인에게 둘러싸인 낯선 느낌도. 마침 진행된 밴쿠버 동계올림픽을 열정적으로 응원하는 것도. 늘 파티를 열어주며 친절하게 대해준 홈스테이의 주인 어사(Eartha)도. 하지만 서울에서의 삶이 환상과 달랐듯, 캐나다의 삶도 신기루처럼 부서졌다.

　시간이 흐르면서 점점 조급해졌다. 영어 실력은 더디게 늘었다. 아무에게라도 말을 걸어서 회화 실력을 늘려야겠다는 생각으로 매일 산책을 했다. 하지만 단 한 번도 말을 걸지 못했다. 생각보다 말을 건다는 건 용기가 필요한 일이었고, 나는 그만큼의 용기가 없었다.

　3개월이 지났을까. 한 손에 Grammar in Use를 들고 산책을 하다가 도착한 곳은 지역의 대학이었다. 문득 내가 여기서 뭘 하고 있는 건가 하는 회의감이 들었다. 영어 실력이 유창해진다 한들 이방인이라는 사실이 달라질까? 아니 그런데 영어가 늘긴 늘었나?

　운명은 꼭 이럴 때 우연을 가장해 문을 두드린다. 약간의 객기로 말을 걸었던 외국인 남자가 마침 그 지역의 파머스 마켓을 담당하는 '존'이었던 것을 보면 말이다. 지금은 우리나라에도 파머스마켓이 꽤 있지만, 그 당시엔 정말 낯선 문화였다. 농부들이 직접 생산하고 가공한 농·특산품을 판매하는 '파머스마켓'은 먹거리와 볼거리가 가득해 인기 있는 관광명소이기도 했다.

"파머스마켓에서 내 요리를 팔아볼까?" 당연하게도 이런 생각이 들었다. 캐나다의 농산물로 만든 한국인의 요리라니! 어떤 요리를 해야 잘 팔 수 있을까? 판매하면서 자연스럽게 대화를 하다 보면 영어도 많이 늘겠지? 생각하면 생각할수록 안 할 이유가 없었다. 지금 당장 하고 싶어서 가슴이 쿵쾅쿵쾅 뛰었다. 그런데 가혹한 운명의 장난이라니! 파머스마켓에서 판매를 하려면 식당을 운영하는 사람이어야 했다. 당연히 어학연수 중인 외국인 학생은 자격 미달!

결국 파머스마켓의 셀러로 거듭나는 것에는 실패 했지만 생각지 못한 인연이 생겼다. 존은 주말이 되면 날 불러 밥을 먹고 드라이브를 다녔다. 미라클이란 수업에도 데려갔는데, 지금 생각해보면 일종의 종교모임이었던 것도 같다. 모두가 캐나다인이었고, 나 혼자 한국인이었다. 그 또한 특별한 경험이었다.

언어가 늘면서 추억도 늘었다. 홈스테이의 호스트였던 어사는 가나 출신의 흑인으로 핼리팩스의 교장 선생님까지 된 엘리트면서 우리가 '마미'라고 부를 정도로 다정한 사람이었다. 인종차별을 당한 이야기를 하면 '그 녀석을 혼내주겠다.'며 나보다 더 흥분했다. 몬트리올로 가족여행을 가게 될 때 내게 함께 하자는 제안도 해주었다. 다시 생각해도 모든 것이 감사한 사람이었다.

아이러니하게도 그럴 때마다 한국에 있는 진짜 내 가족들 생각이 났다. 캐나다 생활은 행복했지만 늘 외로웠고 가족이 그리웠다. 겨우 1년뿐인데, 가족을 못 만나는 슬픔이 이렇게 클 줄 몰랐다. 무언가 모를 쓸쓸함과 외로움이 몰려올 때면 잠을 청하기도 어려웠다. 그때마다 아버지가 보낸 편지를 꺼내 보았다.

나는 중년의 남성이 평생 다닌 회사를 퇴직하고 처음 무직이라는 현실을 받아들여야 했을 때, 캐나다를 가겠다고 선언한 철없는 막내아들이었다. 나의 생활비는 아버지의 노후 자금이기도 했을 테다. 그럼에도 불구하고 아버지의 편지에는 '하고 싶은 게 있으면 해야지.'라고 쓰여 있었다.

가족이 그리울 때면 고향의 음식이 생각났다. 그럴 때마다 아이러니하게도 패스트푸드점을 찾았다. 스타벅스와 웬디스 버거에서 느껴지는 전 세계 공통의 맛은 한국을 떠올리게 했다. 그러다가 한인 마트를 찾기 시작했고, 자연스럽게 한국인 친구도 생겼다. 요리를 배웠다는 것이 이렇게 다행스러울 줄이야.

제육볶음이라도 만들어주는 날엔 모두가 열광했다. 맛있게 먹는 모습을 보는 것만으로도 행복하다는 생각이 들 정도로 그때의 나는 사람이 그리웠던 것 같다. 그때 효진을 만났다. 효진은 어학원에서 같은 프로그램을 듣는 한국인 학생이었다. 어학원에서 집으로 가기 위해서는 강을 건너야 해서 늘 페리를 타곤 했는데, 그 페리에 효진이가 있었다. 어색한 인사로 시작했지만 시간이 지나면서 어느덧 서로의 일상을 공유할 정도의 친분이 쌓였다.

어느 날 룸메이트가 생겼다며 일본에서 온 유카리를 소개해줬는데, 그때는 정말 우리가 그렇게나 가까워질 줄 생각지 못했다. 유카리는 워킹비자로 캐나다에 방문해 일자리를 찾고 있었고, 우리는 늘 일자리를 함께 찾아보기도 하고 이야기도 하며 저녁 시간을 보냈다. 요리를 좋아하는 유카리는 종종 어머니의 레시피라며 특별한 음식을 선보였는데, 그렇게 처음 맛본 그라탱과 레몬 치즈케이크는 그야말로 환상적인 맛이었다. 소중한 사람에게 만들어주는 요리의 따뜻함이라니. 늘 친구들 사이에서 요리를 하는 입장이었던 내게는 낯설지만 뭉클한 순간이었다. 그렇게 계기가 무엇이었는지 생각도 나지 않을 정도로 사소한 시간이 쌓여 소중한 친구가 되었다.

핼리팩스에 있는 대부분의 집에는 뒷마당이 있었고, 우리는 늘 바비큐를 했다. 농담처럼 우리가 핼리팩스의 장작을 다 없앤다고 말할 정도로 우리는 자주 만났고 서로를 응원했다. 노을이 지는 하늘, '타

'닥타닥' 장작 타는 소리, 깜깜해지는 마당 안에서 유일하게 빛나는 그릴 속 불꽃, 현재의 행복과 미래의 불안함을 공유하며 서로를 북돋아 주었던 대화들. 이런 것이 삶이 아닐까? 싶은 하루하루를 보내며 그렇게 새로운 가족을 만들어갔다.

효진이가 가장 먼저 핼리팩스를 떠나게 됐을 때 외로움을 많이 타는 유카리는 정말 힘들어했다. 그런 유카리를 위해 새로운 룸메이트를 구해준 것도 효진이었고, 룸메이트가 올 때까지 비는 시간 동안 유카리와 함께 있어달라는 부탁을 한 것도 효진이였다.

지금 생각해도 아무리 친구지만 남녀가 한 집에서 있는다는 게 어떻게 가능했을까 싶다. 그런데 그때는 힘들어하는 유카리를 위해 무언가 할 수 있다는 생각만 했다. 정말 가족이었던 것이다.

어느새 일 년이 지났다. 이제 내가 떠날 차례가 되었다. 어사에게 작별인사를 하러 갔을 때, 어사는 처음 나를 만났을 때처럼 나를 꼭 안아주었다. 그녀의 손에는 캐나다 로고와 함께 2011이라는 숫자가 적힌 티셔츠가 들려있었다. "2011년을 잊지 마(Please don't forget what you do in 2011)"라는 말과 함께 선물 받은 그 옷은 여전히 옷장에서 그때의 추억을 상기시킨다.

어학원을 함께 다녔던 친구들은 밤을 새워 추억을 나누고도 아쉬워 공항까지 배웅해주었다. 한국의 가족을 만나러 가면서 캐나다의 가족들과 헤어져야 한다는 것이 캐나다의 삶이 주는 교훈일까. 반가움과 아쉬움이 진하게 교차하는 순간이었다.

한국에서의 삶에 적응하고 있을 때 유카리에게서 연락이 왔다. 결혼식에 초대한 것이다. 초대해준 것만으로도 감동이었는데, 나와 효진을 위해 영어가 가능한 서버를 고용하기까지 했다. 심지어 결혼식의 2부가 시작되었을 때, 유카리는 나와 효진을 양쪽에 세워두고 입장했다. 인생에서 가장 행복한 순간을 함께 하고 싶었다고 말해주는 데 뭔가 가슴 속에서 찡한 기분이 들었다. 과연 캐나다를 다녀오지 않았더라면 어땠을까? 역시 인생은 도전하고 볼 일이라는 것 역시 캐나다의 삶이 주는 교훈이다.

길이 하나라면 길을 잃어버릴 일은 없을 것이다

한국에 돌아와서 취업 자리를 찾고 있을 때 우연히 S 카지노 업체를 소개받게 되었다. 지금도 그렇지만 그 당시만 해도 카지노는 한국에서 낯선 업종이었기 때문에 처음에는 호기심이 들었다. 아울러 캐나다에 막 돌아와서 뭐든지 할 수 있을 것 같았던 젊은 청년이었던 나는 카지노라는 말을 들었을 때 무언가 모르게 호기로운 생각도 들었다. 지금 아니면 언제 할 수 있을까 싶어서였을까? 어느새 나는 S 카지노의 인턴으로 근무하고 있었다.

생애 처음으로 접해본 카지노는 생각보다 훨씬 화려하고 또 훨씬 초라한 세계였다. 수천만 원의 돈이 한순간에 생겼다가 사라졌고, 손님과 나는 같은 사람이면서 같은 사람이 아니기도 했다. 딜러라는 꿈에 빠졌다가도 계급의 차이를 확연하게 느꼈다. 화려한 조명 속에서 고급스러움으로 무장하고 있는 사람들은 빠르게 소비되고 사라졌다.

전 재산을 건 사람들의 에너지를 상대하는 일은 힘겨운 일이었고, 돈을 딴 사람의 하늘 같은 성취감과 돈을 잃은 사람의 지옥 같은 상

실감이 공존했다. 이곳은 내가 있을 곳이 아니었다. 나는 지금 무엇을 하고 있는 걸까?

퇴근 후 무심코 시청하던 다큐멘터리에서 히말라야의 이야기를 보게 되었다. 히말라야라는 말이 왜 그렇게 설렜던가. 화려한 삶의 정반대의 세상이 주는 위안이었던 것 같기도 하다. 충동적으로 구매한 론리플래닛에는 이런 문구가 쓰여 있었다. "길은 하나이니 길을 잃어버릴 일은 없다." 퇴사를 결심했다. 하나의 길을 걷지 않았구나. 지금껏 길을 잃고 있었구나.

돌이켜보면 진짜 미련하게도 한결같은 인생이었다. 요리도 일도 한 번에 되는 일은 없었다. 그래도 포기하지 않고 우직하게 한 길을 가는 내 성격이 단 하나의 장점이었다. 그런 내가 잠시 화려함을 좇아 한눈을 팔았으니 잘 될 턱이 없었다. 다시 길목으로 돌아나와야겠다고 생각했다.

그저 우직하게 앞으로 가기만 하면 되는 히말라야는 인생의 기로에서 고민하는 나에게 딱 맞는 여행지였고 인생을 돌아볼 좋은 기회였다. 어느새 손에는 비행기 티켓이 들려 있었다.

홍콩을 경유해 카트만두에 도착했다. 고요한 히말라야 등정에 앞서 화려한 홍콩을 경유하다니. 뭔가 내 삶을 압축하는 것 같아서 피식 웃음이 났다. 포카라라는 도시에서 4일의 여정을 보냈다. 예약할 필요도 서두를 필요도 없는 여유가 넘치는 곳이었다. 가이드나 포터를 고용하지 않고 혼자 올라가겠다고 했더니 만나는 사람마다 고개를 절레절레 저었다. 하지만 혼자 올라가야 내 질문에 대한 답을 찾을 것이다. 내 마음은 한결같았다.

안나푸르나를 위한 입산 허가증을 받고 본격적으로 산행을 시작했다. 포터 없이 올라간 히말라야는 내가 생각했던 것보다 더 힘들었지만 그래서 또 하나의 생각만 할 수 있었다. 난 어떤 요리를 할 것인가. 오직 이 하나만 생각했다. 생각은 하나로 모였다. 난 행복을 주는 음식을 하고 싶고, 내게 행복을 주는 요리는 늘 바비큐, 그리고 햄버거였다고. 히말라야도 요리에 대한 생각도 결국 또 우직하게 완주했으니 가이드 없는 산행이 헛된 일은 아니었다.

산을 오르면서 1년 동안 일만 하고 6개월은 여행을 다닌다는 독일 부부도 만나고, 초롱초롱한 눈으로 '초콜릿'을 외치는 아이들도

만났다. 산을 오르는 동안 끊임없이 새로운 사람을 만나고 또 헤어졌다. 스무 살 이후 떠돌이 생활에 익숙해졌다고 생각했는데, 여전히 만남과 헤어짐에는 익숙해지지 않는다.

걸으면서 반가움을 잊고 또 걸으면서 아쉬움을 잊었다. 여행이란 삶의 축소판이 아닐까. 우직하게 하다 보면 언젠가 이룰 수 있다는 사실을 알려주고 그럼에도 불구하고 늘 길을 잃을 수 있으니 주의하라고 알려주며 얻는 것과 잃는 것에 대해 늘 기억하라고 충고하니 말이다.

이제 정말 요리에 전념해야겠다고 생각했지만, 경력의 공백을 극복하는 일은 쉬운 일이 아니었다. 정말 심호흡을 하고 전념하고 집중하며 미래를 그려야 할 때라는 생각이 들었다. 기분 전환 겸 영화를 보기로 했다. 그냥 가까운 두산타워에 있는 영화관에서 상영 시간이 맞는 영화를 골랐는데, 다시 한번 느끼지만, 운명은 짓궂게도 우연을 가장해 말을 걸어온다. 그 영화가 바로 내 인생을 바꾼 '아메리칸 셰프'였기 때문이다. 새벽 1시쯤에 시작했는데, 관객은 나 하나뿐일 정도로 인기 있는 영화는 아니었다. 덕분에 영화관을 전세 낸 기분으로 더 몰입해서 영화를 볼 수 있었다.

스타 셰프였던 주인공은 레스토랑의 애물단지다. 새로운 메뉴를 개발하고 싶지만, 레스토랑 사장은 잘 팔리는 메뉴만 만들라고 성화다. 그러다 몰래 찾아온 음식 평론가에게 '발전하지 못했다'는 혹평을 받고 발끈, 새로운 메뉴를 개발하려다가 레스토랑 사장과 갈등을 빚는다. 결과는 '해고!'

무너진 자존심에 좌절한 것도 잠시, 그는 자신이 원하는 음식을 하겠다며 푸드 트럭을 운영하기로 결심한다. 한때는 잘나갔던 자신의 모습을 뒤로하고 미국 전역을 돌며 샌드위치를 팔기로 한 것이다. 물론 기본을 충실히 하는 것은 기초 중의 기초! 샌드위치에 들어갈 식재료 하나하나를 꼼꼼하게 선택하고 좋은 재료를 구하기 위해 먼 길을 떠나는 것을 마다하지 않는다. 그렇게 정성스럽게 샌드위

치를 만들자 놀라운 일이 펼쳐진다. 사람들이 줄을 서서 그의 샌드위치를 기다리며 행복한 맛을 기다리게 된 것이다.

　내가 몰입된 부분은 그가 조리하는 과정을 즐기는 것이었다. 요리학원에 다녔을 때, 대학 실습 시간, 화덕에서 요리할 때에도 내 모습은 즐거웠다. 결과에서 얻어지는 뿌듯함과 희열은 해본 사람만이 알 수 있는 영역이다. 영화를 보는 내내 나 자신에게 물었다. "이 바보! 도대체 아직도 요리하지 않고 뭐 하는 거야? 그렇게 요리를 하고 싶어 했잖아" 더 이상 필요가 없었다. 길을 하나이고 길을 잃어버릴 일은 없을 것이다.

하루에도 수백 명의 젊은이들이 모여드는 곳, 문화와 예술이 꽃피면서도 상업적인 곳, 서울의 혜화역 주변을 나의 첫 실전 학교로 정했다. 고르고 골라 선택한 곳은 화덕피자와 파스타를 전문으로 하는 어느 이탈리안 레스토랑. 생긴 지 얼마 되지 않은 곳이었지만 메뉴도 다양하고 전문적이어서 배울 점이 많았다.

면접은 수월하게 끝났다. 마지막 질문은 '당신보다 어린 사람의 지시를 받아들일 수 있습니까?'였고 1초의 망설임도 없이 "네!."라고 답했다. 곧 나의 첫날이 시작되었다.

역시 쉬운 일은 없었다. 만만하게 생각했던 모든 일이 녹록지 않았다. 샐러드에 들어가는 야채부터 손으로 뜯어야 할 것과 칼로 썰어야 하는 것이 달랐다. 눈감고도 할 수 있었던 리코타 치즈에 소금을 넣지 않아 버린 적도 있었다. 두 번의 실수는 없었지만 어떠한 순간에도 자만하면 안 된다는 교훈을 얻었다.

샐러드가 익숙해졌을 때 피자를 배우게 됐다. 비교적 빠르게 화덕 앞에 섰다고 칭찬을 들었다. 일반적으로 화덕은 화구보다 두 배 이상의 높은 열로 조리된다. 잠시만 딴생각을 해도 타버리기 일쑤였기 때문에 화덕 앞에 서 있는 날에는 육체적으로 정신적으로 두 배 이상 힘든 날이 되었다. 그럴 때마다 화덕 안의 장작불을 보면 묘하게 마음이 편해지곤 했다.

화덕에서 실수가 없으면 마지막 단계인 파스타를 만들게 된다. 파스타는 화구 3개를 동시에 사용하면서 소스와 면을 잘 섞이게 팬을 잘 휘둘러야 한다. 식당은 늘 만석이었고, 요리를 위해 주어진 시간은 12분이었다. 각기 메뉴마다 소스도 다르고 면도 달랐기 때문에 정신을 바짝 차려야 주방에서 살아남을 수 있었다.

요리를 열심히 했지만, 실제로 배운 것은 따로 있었다. 바로 경영! 그토록 맛있는 피자와 파스타를 판매하고 늘 만석인 고객을 유치하는 레스토랑의 사장님은 셰프가 아니었다. 외식업체에서 오래 근무한 경험을 바탕으로 셰프를 고용해 이 레스토랑을 창업한 것이다.

사장님을 보면서 요리 외에도 경영마인드, 고객서비스, 유통 등 다양한 분야에서 지식이 필요하다는 사실을 배울 수 있었다. 그렇다. 요리가 아닌 다른 분야를 배워야 했다. 마음이 급했다. 망설일 시간이 없었다.

그래서 선택한 다음 회사는 SPA 브랜드 Z 업체였다. 기획부터 생산, 유통까지 한 회사가 직접 맡아서 소비자의 욕구와 트렌드를 빠르게 반영해서 판매한다는 점에서 배울 점이 많을 것 같았고 Z 업체는 그중에서도 선두였다. 손님을 직접 응대하고 판매로 연결하는 역할을 빠르게 배우고 싶었다.

업무 시작 전 매니저님을 중심으로 그날의 판매전략 또는 새로 입고된 상품의 설명을 듣고 의견을 나눴다. 재고정리와 판매가 주 업무였는데, 생각 보다 많은 사람이 구매할 상품과 연결되는 품목에 관심이 많았다. 고객이 예상한 구매 품목보다 한가지를 더 구매하게 하는 것을 나의 전략으로 삼았다. 바지 구매 의사를 가지고 방문했다면 나갈 때는 티셔츠를 같이 구매하도록 유도했다. 부담스럽지 않게 권유해야 하고 원하는 것이 무엇인지 취향을 빠르게 잘 찾는 것이 관권이었다. 구매 의사를 물으면서 고객과 소통한다는 느낌을 받을 수 있었던 것도 좋았다.

재고관리를 해야 할 때는 근무시간 내내 햇볕을 바라보지 못하고 창고에 있어야했다. 하지만 그만큼 아이템을 자세히 살펴볼 수 있어 큰 그림이 들어가는 옷이 유행한다거나 혹은 특정한 색이 중심이 된다는 식으로 트렌드에 대해 공부할 수 있었다. 유행을 파악해서 고객에게 전달하면 판매 성공률이 높았다.

배우는 것이 많아질수록 내 가게에 대한 열망도 높아졌다. 빨리 가게를 열고 싶다. 빨리 돈을 모으고 싶다. 그런 생각으로 다시 구직 사이트를 뒤져보기 시작했다. 조건은 단 하나, 높은 연봉이었다. "조선소가 정말 연봉을 많이 준대." 이 말 한마디에 거제도를 향했다. 내 인생은 정말 예측 불허라고 생각하면서.

 길을 떠나면 길이 된다

조선소는 녹록한 곳이 아니었다. 많은 돈을 벌 수 있다는 것은 그만큼 힘든 일을 해야 한다는 뜻이었다. 아침 6시에 출근해서 밤 12시에 퇴근했다. 사다리를 타고 50m 이상 올라가야 하기도 했다. 고소공포증이 있었지만 내가 원하는 것을 하기 위해 거쳐야 하는 과정이었기에 버티고 이겨내야 했다. 그야말로 버티는 일이었다.

그러던 중에 호주 워킹 홀리데이를 추천받았다. 호주는 기본적으로 최저시급이 높을 뿐 아니라 요리를 하는 사람들이 할 일이 많다고 했다. 돈을 많이 벌 수 있다는 것도 좋았지만 요리를 통해 돈을 벌 수 있다는 것도 좋았다. 동료들에게 작별 인사를 고했다. 그때였다. 명석 형이 자신도 일을 그만두겠다고 말한 것은.

명석 형은 조선소에 근무하는 우리 팀 중에서 유일하게 내 또래였던 동료였고, 같은 숙소를 쓰면서 빠르게 친해졌다. 심지어 명석 형도 식당 창업을 꿈꾸고 있었다. 호주에 가기 전에 함께 전국 여행을 가면 어떻겠느냐고 물었다. 함께 추억을 만들 수도 있고 생각도 정리될 것이라고 했다. 함께 식당을 차려도 좋겠지만 서로에게 좋은

기회가 생긴다면 박수치면서 응원해주자고 했다. 나 역시 지금 아니면 또 언제 긴 시간을 낼 수 있을까 하는 생각으로 흔쾌히 동의했다. 그때는 이 선택이 나의 삶에 이토록 큰 영향을 미치며 방향을 바꿔 놓을 것이라고는 상상조차 할 수 없었다.

배낭을 메고 길을 걷고 텐트에서 자는 여행을 계획했다. 동해를 따라 부산부터 강원도 양양까지 걸었고 버스를 통해 서울로 이동했다. 명석 형과의 시간은 즐거웠지만, 여행지는 다 거기서 거기라는 생각이 들었다. 서울에 온 김에 전국 여행을 그만하고 좋은 레스토랑을 돌아다니면서 시장조사를 해볼까? 하는 이야기도 나눴다. 그래도 계획한 건 끝까지 해보자 하는 마음으로 마지막 목적지인 제주도로 향했다. 하아…. 제주도와 사랑에 빠질 줄이야. 눈앞에 펼쳐진 바다, 등지고 있는 한라산, 굵직굵직한 검은 돌덩이들이 나를 반겼다.

동문시장에서 떡볶이와 튀김을 먹던 중 벽면에 붙어 있는 게스트하우스 소개가 눈에 들어왔다. 누가 먼저랄 것도 없이 눈빛이 오갔다. 조천읍 바닷가에 있는 게스트하우스에서 머물기로 했다. 거실 창문에서는 바다가 보였고, 저녁 시간이면 게스트들과 모여 바비큐 파티를 했다. 전국에서 모인 사람들이 자신의 이야기를 나눴다. 모두가 공통적으로 쉬러 왔다고 했다. 뭐에 그렇게 쫓기듯 살았을까? 나부터도 말이다.

올레길을 걸었다. 뜨거운 용암을 간직한 화산섬이 이토록 평온할 수 있을까. 창업을 위해 달려오던 시간 동안 나도 모르게 조금은 지쳐있었나 보다. 검은 돌들 사이에서 비치는 제주도의 바다는 그 자체가 힐링이었다. 호주로 향할 시간은 다가오는데 제주도에서의 일정이 조금씩 길어졌다. 제주에서의 한 달은 매일 행복했다. 아이러니하게도 모아놓은 돈은 점점 떨어지고 있었다.

"너 지금 제주도라며?" 여행을 마칠 시간이라는 생각이 들던 중에 군대 동기인 제주도 토박이 동환이가 연락을 했다. 밥을 사줘야겠단다. 토박이의 안내를 받아 제주 투어를 시작했다. 무얼 먹었는지는 기억나지 않는다. 다만 군 시절 미래에 대한 이야기를 많이 나눴던 친구라 그런지 무척이나 위로가 되는 하루였다. 지금도 그 감정이 생생할 정도로. 그래서 떠나기 전에 제주도의 지인들에게도 연락해야겠다고 마음을 먹었을 테다. 비록 이번에는 못 만나지만 다음에 보자고. 제주도에 와 있었으면서 일찍 연락하지 못해 미안하다고 말이다. 그렇지만 언제 내 인생이 뜻대로 되던가. 여수 엑스포에서 만난 제주도 토박이 나솔 누나에게 안부 인사를 전하던 참이었다.

"제주도에 더 있을 생각은 없어? 마침 지인 회사에서 사람을 한 명 고용하려던 참이야!"

결정의 순간이라는 사실이 본능적으로 느껴졌다. 명석 형과 나는 정말 지금이 다 떨어진 상태였고 당장이라도 일을 해야 했다. 제주를 떠나든 제주에 남든 선택해야 했다. 상황을 선택하는 일이 사람을 선택하는 것처럼 느껴졌다. 시험에 빠진 것 같기도 했다.

면접을 보기로 했다. 그는 자신을 소개해줄 수 있느냐 물었다. 요리를 하고 싶고 나의 식당을 갖는 것이 꿈이라고 했다. 그러기 위해서는 우선 돈을 많이 벌어야 한다고 했다. 이 얘기를 들은 그는 어떤 이유에서인지 자신의 사무실에 데려갔다. 책이 정말 많은 곳이었다. 어리둥절하고 있는데 그가 말했다. "돈을 많이 벌고 싶은 게 목적이면 사채업자를 소개해 줄 수도 있어. 하지만 돈만이 목적이 아니라면 식당을 차리기 전까지 나와 함께 일을 해보는 게 어때?" 내 인생의 멘토, 김외솔 사장님과의 첫 만남이었다.

여느 때와 다름없는 밤이었다. 게스트 하우스의 파티가 끝나고 몇몇 사람들은 바닷가로 향했다. 다리가 하나 있었는데, 그 아래로 바다가 펼쳐졌다. 누가 먼저랄 것도 없이 다이빙을 시작했다. 어느새 내 차례가 되었다. 손을 절레절레 흔들며 포기했는데, 내 뒤로 명석 형이 있었다. 주저하던 형은 멋지게 뛰어내렸다. 그날 밤 나와 형은 방파제에서 하늘의 별을 보며 말없이 한참을 있었다.

명석 형에게 "미안하지만 난 새로운 길을 가겠어"라고 말을 했다. 명석 형은 그날 밤 흥건히 취해 돌아왔다. 인생은 이토록이나 아이 러니하다. 내 식당은 누군가를 편안하게 해주는 공간이 되고 싶다 고 늘 말했지만, 명석 형과의 작별은 결코 편안하지 못했다. 나의 제 주 생활은 그렇게 시작되었다.

음식은 삶의 일부분이다. 맛있는 음식은 누군가의 슬픔을 달래주 고, 기쁨을 더해준다. '식사하자'라는 말이 인사가 되는 건 음식이 인 간과 인간을 연결해주는 매개가 되기 때문일 것이다. 문득문득 형 이 잘 지내고 있을지 궁금하다. 가끔 그에게 문자를 보낸다. '소주 한 잔 생각나는 밤이에요.' 그리고 다시금 다짐한다. 누군가를 위로할 수 있는, 그런 식당을 열겠다고.

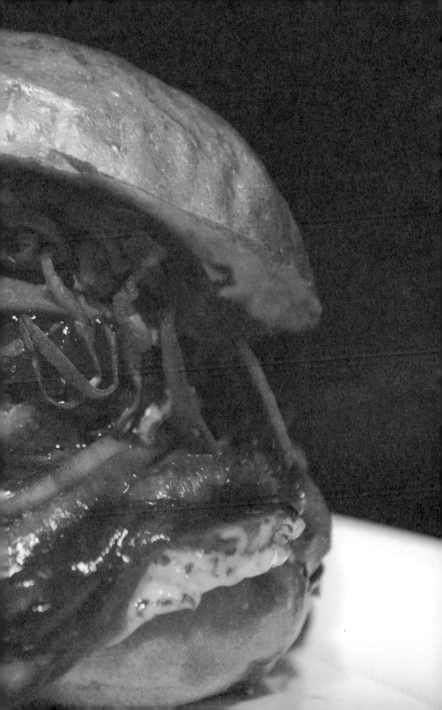

그가 창업 준비를 하고 있다는 소식을 듣고는 말려야 하는 게 아닐까 망설였다. 그리고 창업한 이후에도 한참 동안을 찾아가 보지 못했다.

1년여 정도 지난 후 그의 멘토 역할을 했던 내 친구와 함께 버거스테이를 방문하던 날, 나는 뒤통수를 얻어맞은 기분이었다. 시골의 한구석에서 묵묵히 그가 만들고 있던 햄버거는 단순한 햄버거가 아니었고 진심과 정성과 고집이 담긴 진짜 음식이었기 때문이다. 보통은 장사가 잘 안되다 보면 이것저것 다른 메뉴를 구상하고 메뉴판을 불려 나가기 마련인데 처음에 구상한 두 가지 햄버거를 고집스럽게 더 잘 만들기 위해 노력하고 있었다. 분명히 장사가 잘되는 집 같지는 않았는데도 말이다.

그날 이후 나는 '진태민'과 '버거스테이'를 걱정하는 따위의 짓을 하지 않는다.

소자본 식당의 창업자는 자기가 직접 메뉴를 개발하고 완성도를 높여가며 자신감을 가지고 버텨나가는 뚝심이 필요하다. 그리고 그런 식당의 주인들은 자신이 무엇을 팔고 있는지 명확하게 안다. 유행 따위 생각하지 않는다. 진태민은 그렇게 뚝심을 보여주고 있다. 버거스테이의 진심을 느끼는 사람들이 서서히 늘고 있다.

젊은 창업자들에게 얘기한다. "먹는장사 할려고? 그러면 태민이처럼 해 봐!"

– 제주향토음식보전연구원

김지순요리제과직업전문학교

원장 양용진

꿈을 이루는 꿈을 그리다

시작하려면 시작하라

"너의 첫 업무는 말이야…"

출근하고 첫 업무를 받았을 때 귀를 의심했다. 아니 사실 이해할 수 없었다는 표현이 더 정확할 것이다. 나의 첫 업무는 '블로그에 요리에 관련한 포스팅을 올리는 것'과 회사 업무를 배우는 것, 다른 회사로 납품을 하기 위한 배달이었다.

내가 다니는 회사는 공연, 문화 관련 행사를 함께하는 작은 출판사였다. 실질적으로 일이라고 할 만한 것은 배달뿐이라는 생각이 들었다. 근무 시간에 회사 업무를 배우는 것도 감사할 일인데 요리를 블로그에 올리라니 지금까지 해 온 일들과는 너무나도 달랐다. 사장님은 직원의 개인역량을 키우는 것부터가 회사의 역할이라고 생각하셨다. 구체적으로 설명할 수는 없지만 새로운 세상에서 눈을 뜬 기분이었다. 정말 잘 왔구나, 제주도에!

처음에는 집에 남은 재료들을 활용해서 요리했다. 요리하면서 사진을 찍는 일은 쉽지 않았다. 사진을 정리해서 글을 쓰려고 하다 보

면 놓치는 과정들이 많았다. '아까 그 장면을 찍을걸', '다른 각도에서 찍어볼걸' 하는 생각에 아쉬웠다. 세상 정말 쉬운 일 없다는 걸 블로그를 하면서 많이 깨달았다. 요리 블로거를 하는 분들은 정말 대단한 분들이다!!

그래도 블로그를 올리는 날에는 잠자리가 편안했다. 하루를 되돌아볼 수 있기도 했고 뭔가 발전하는 듯한 기분도 들었다. 고등학생때부터 일기를 쓸 정도로 글쓰기를 좋아했지만, 남에게 보여주는 글을 쓴다는 것은 또 달랐다. 성취감이 주는 만족의 기쁨도 알게 되는 하루하루였다. 그렇게 하루하루 포스팅을 하다 보니 점점 욕심이 생겼다. 포스팅만을 위해 식재료를 구매하고 새로운 요리에 도전해보는 횟수가 점점 늘어났다.

회사에서 맡게 되는 일도 점점 늘어났다. 출판사인데 문화행사를 진행하기도 했고, 작가님을 모시는 운전기사 역할도 했다. 무대 보조를 하면서 서포트 역할을 하기도 했다. 회사가 나의 발전을 위해 신경 써준다고 생각해서인지 업무도 내 일처럼 느껴졌다.

앞으로 나 역시 사업을 한다면 직원의 자기계발에도 신경 써야겠다고 생각했다. 식당을 차리는 데에는 요리하는 실력만 있으면 되는 것이 아니라는 것을 회사 생활에서 배웠다. 사업이라는 건 다방면에서 접근해야 했다. 아마 바로 식당을 차렸다면 이 많은 깨달음을 얻지 못했을 것이다.

요리 포스팅이 늘어나면서 업무시간에 식재료 탐험을 해도 좋다는 지시가 내려왔다. 이렇게 좋을 수가! 제주 오일장과 동문시장이 나의 주 활동 장소였다. 끝자리가 2, 7로 끝나는 날에 열리는 제주도의 민속 오일장은 전국에서도 손꼽히게 큰 시장이다. 경매를 통해 구매한 채소와 텃밭에서 채취해온 채소가 펼쳐져 있다. 평소에 보지 못했던 식재료도 많았다. 제주도에서만 나는 식물이나 어류가 있다고 했다. 상인과 이야기를 나누다 보면 어느새 한 시간이 훌쩍 지나가 버리곤 했다.

회사에서는 요리와 접목한 새로운 프로젝트들이 많이 늘어났다. 첫 임무는 제주도에서 활동하는 작가님이 제주도의 식자재를 활용한 글을 쓰면 내가 관련된 메뉴를 만들어 시연하는 것이었다. 기존에 있는 메뉴들이 아니었기 때문에 이 프로젝트를 통해서도 많이 배웠다. 새로운 식자재를 알게 되기도 했고, 새로운 사람들을 만나기도 했다.

첫 메뉴 영귤이었다. 영귤은 낯선 식자재였고 영귤을 이용해 잼과 정과를 만드는 것도 처음이었기 때문에 부담이 컸다. 여러 번 시도 끝에 괜찮은 비율을 찾아 레시피를 만들었는데 반응이 정말 좋았다. 성장하는 기분이 주는 쾌감은 말로 형용할 수 없을 만큼 짜릿했다. 해녀를 인터뷰하기 위해 우도를 찾아가기도 했고, 멋진 음식 사진을 찍기 위해 사진가를 만나기도 했다. 시장에서는 맛볼 수 없는 갓 잡은 해산물을 먹어보는 영광도 누렸다. 이런 경험이 식재료를 바라보는 시선을 바꿔 놓았다.

배우는 게 많아질수록 궁금한 점도 늘어갔다. 제주도에서 나는 식자재를 잘 활용하기 위해 먼저 제주도에서는 어떻게 그 식자재들을 활용했는지 배우면 좋겠다는 생각이 들었고 식자재 유통에 대해 본격적으로 배우고 싶다는 생각도 들었다. 제주도 향토 요리를 배우는 곳으로 가장 유명한 곳은 제주도 제 1호 식품명인 김지순 명인이 운영하는 곳이었다.

회사의 배려로 바로 등록했다. 잘한 일이었다. 식문화를 공부하면서 제주도를 더 깊게 이해할 수 있게 되었다. 제주도는 남쪽에 있는

섬이다보니 육지와 기후도 달랐고, 화산섬이라 토양도 달랐다. 해류도 달라서 잡히는 생선의 종류도 다르다. 겨울에도 배추를 재배할 수 있을 정도로 따뜻했기 때문에 김장 문화도 없었고, 장 역시 바로 담가 먹었다. 척박한 땅에서 자란 채소는 소중한 자산이었기에 음식을 남기는 일은 있을 수 없었다는데 그래서인지 자투리가 남는 것도 허용하지 않는 레시피가 많다.

콩죽, 우럭콩조림 등 제주도의 향토 요리는 조리법이 간단한 만큼 식재료 신선도가 그 맛을 좌우했다. 끼니마다 텃밭을 이용해 먹을 만큼만 채소를 채취하고 생선도 욕심내지 않고 먹을 만큼만 잡은 건 그 이유다. 제주 음식에는 제주 선조들의 지혜가 담겨있다.

제주도의 요리에 자신이 생긴다는 건 식당을 차릴 시간이 가까워졌다는 것을 의미했다. 그런데 예전처럼 회사를 쉽게 그만둘 수가 없었다. 인생에 큰 의미가 되어 준 회사를 그만둔다는 것은 쉽지 않았다. 어렵게 말을 꺼냈을 때 사장님은 "너의 인생이 더 중요하지!"라며 응원해주셨다. 나도 꼭 저런 사장님이 되어야겠다고 생각했다.

농협 농산물 공판장에 취업했다. 제주에서 유통되는 야채는 제주에서 생산되는 되는 것과 서울 가락시장에서 경매를 통해 내려오는 것으로 구성된다. 농산물 공판장의 공식적인 휴가인 설날과 추석을 앞둔 날이면 공판장의 생동감은 두 배로 뛴다. 경매가 진행되지 않는 기간 동안 비축하기 위해 주문이 두 배로 늘어나기 때문이다. 하지만 눈이나 태풍이 오는 날에는 비축한 야채가 없으니 마트, 식당, 학교 급식소 모두 휴무일이 된다. 계절에 따라 어느 정도 대비가 가능해야 차질 없이 식자재를 납품할 수 있다. "유통을 알게 되면 식당을 차렸을 때 낮은 가격으로 공급받을 수 있겠지?" 정도의 기대가 있었는데, 역시 배움에는 끝이 없었다.

공판장에서의 경험은 단순히 야채나 과일만 배우는 데 그치지 않았다. 다양한 식당을 상대하면서 요리에 따라 같은 야채도 어떻게 중요도가 달라지는지, 어떤 역할을 하는지를 배웠고, 생각지도 못했던 장사의 기본도 몸소 느꼈다. 예를 들면 우리가 쉽게 구하는 상추라고 하더라도 마트, 고급식당, 백반집에서 원하는 상품이 다르다. 고객이 원하는 것이 무엇인지를 파악하지 않으면 당연히 고

객 만족을 이끌어 낼 수 없다. 사장님과 25년 거래한 분식집은 고구마 맛탕이 주력 메뉴였기 때문에 늘 최상급의 고구마를 찾았다. 만약 가게에 최상급의 고구마가 들어오지 않는 날이면, 사장님은 웃돈을 주고서라도 구해오셨다. 야채나 과일만 공부해서는 알 수 없을 철학이다.

사장님은 정말 배울 점이 많은 분이셨다. 공판장에서 1등을 놓치지 않는 비결이기도 했다. 다음날의 물건을 준비해야 하므로 일요일 저녁에도 경매에 참여했으며, 매일 아침 6시에 출근해서 밤 8시에 퇴근하셨다. 성실함이 자신을 지탱해주는 힘이라고 했다. 30분

먼저 출근해야겠다고 결심했다. 야채를 종류별로 분류하고 납품 업체별로 구분해서 기억해야 하는 일이 쉽지 않았다. 늘 손이 느리고 행동이 느려 콤플렉스라고 생각했는데, 그냥 30분 먼저 준비를 시작하면 될 일이었다. 아무도 없는 곳에서 야채를 미리 챙기니 꼼꼼하게 챙길 수 있어 더 좋았다. 30분의 마법이다.

일찍 납품이 끝나는 날에는 마트 납품용으로 야채를 소분했다. 소분 작업을 거친 야채는 2배의 가격을 받을 수 있었다. 가끔은 업무로 오는 스트레스 내가 감당할 수 있는 것보다 더 크게 다가오기도 했다. 불편한 마음으로 운전을 하게 되면 불안하기도 하고 거래처 사람들을 만나는 것도 즐겁지 않았다. 야채를 차에 가득 싣고 출발하기 전 늘 믹스커피 한잔을 마셨다. 이 모든 스트레스가 커피 향과 함께 사라졌다.

저녁에는 동문 야시장에서 흑돼지 볶음요리를 판매하는 일을 했다. 창업을 하루 빨리하고 싶었다. 오전에는 야채를 공부하고 유통을 배웠다. 저녁에는 제주를 찾는 관광객들의 취향을 알고 싶었다. 몸은 피곤했지만, 창업을 위해 달려가고 있다니 행복했다. 가끔 일어나는 실수는 나의 또 다른 배움이었다. 새로운 일의 익숙함을 얻기까지 부단히 노력하고 이겨내어야 했다. 그러다 보면 '나의 기술'이 생기기 시작한다.

야시장은 조리하는 과정 동안 나의 얼굴 등이 보여야 하고 조리와 판매가 연결되는 시간은 길지 않다. 그 짧은 시간에 화려한 음식을 판매해야 관광객들의 이목을 끌 수 있었다. 동문 야시장에는 36개의 점포가 30cm 간격을 두고 다닥다닥 붙어 있었다. 눈에 보이지 않지만, 그들만의 전쟁터였다. 지나가는 손님을 잡기 위해 토치로 불을 일으켜 시선을 끄는 방법, Led 조명을 이용해 반짝반짝하는 방법 등 할 수 있는 것은 무엇이든 해야 했다.

우리는 그릴과 토치를 이용해 흑돼지를 바싹 익힌 볶음요리를 판매했다. 사장님이 말했다. "3명이 줄 서기 시작하면 그날의 장사는 그럭저럭 될 것이다. 5명이 줄 서는 순간 5명을 유지하라. 그러면 그날은 대박이 나는 날이다. 단, 5명의 줄이 끊이지 말아야 한다." 조리의 불을 조절하거나 간단한 퍼포먼스를 하면서 지루함이 느껴지지 않도록 기다리는 시간을 연장해야 했다. 큰 깨달음이 되었다.

어느 날 손님이 급격하게 줄어들기 시작했다. 그때 사장님은 변화를 시도하셨다. 외부에서 보이는 가게의 모습, 음식이 담기는 일회용 용기 등을 바꿨다. 놀랍게도 큰 반응이 생겼다. '음식을 판매하는 현장의 분위기가 중요하다.'라는 것을 깨달았다. 소비자의 마음을 흔드는 것은 큰 것이 아닌 작은 변화에서 온다.

동문시장에서 근무하는 동안 상대방의 처지에서 생각해보는 훈련을 종종 했다. 사장님은 늘 변화하는 힘이 지금의 자신을 만들었다고 말씀하셨다. 식당을 운영하는 것은 항상 변화할 준비가 되어 있어야 했다. 아울러 끊임없는 개발은 요식업에도 필요했다. 야외에서 판매되는 음식은 위생에 취약할 수밖에 없다. 설상가상으로 동문 야시장에는 냉장고가 설치된 곳이 한 곳도 없었다. 그렇다면 어떻게 위생을 관리하고 음식의 온도를 유지할 것인가? 각각의 부스에서 온갖 아이디어가 펼쳐진다.

우리는 야시장 가까운 곳에 공간을 임대하여 재료가 떨어지면 신선한 음식을 가져올 수 있게 했다. 핑계는 허용되지 않는다. 문제 발견을 했으면 해결책을 찾으면 된다. 그들이 성공할 수 있는 요인은 그것이었다. 이곳에서의 경험이 더 단단한 요리사로 만들어줄 것이라는 확신이 들었다.

시도를 공부하는 즐거움

때마침 제주도에는 플리마켓 붐이 일었다. 관광객들에게 유명한 플리마켓은 제주도에서 활동하는 예술가들이 핸드메이드 작품을 판매하는 형태의 마켓이었지만, 현지인들은 농산물 마켓도 많이 찾았다. 농산물을 생산하는 사람들이 직접 판매한다는 점에서 파머스 마켓과도 비슷했다.

몇몇 플리마켓에 셀러로 참가하겠다고 신청했는데 그중 지꺼진 장에서 연락이 왔다. '지꺼지다'라는 말은 제주어로 '기분이 좋다'라는 뜻이다. 즉, 즐거운 장터라는 뜻이다. 다음 주 금요일에 나오라는 문자 역시 '지꺼진' 일이었다. 앞으로 매주 한 번씩 나의 음식을 판매할 기회가 생긴 것이다.

겨울이라서 따뜻한 느낌을 주는 메뉴를 만들어야겠다고 생각했다. 아울러 제주도와 어울리는 메뉴여야 했다. 제주도에서 겨울에 많이 나는 브로콜리를 이용해 추운 겨울날 마음마저 녹여주는 음식이라는 콘셉트로 수프를 만들었다. 식사가 될만한 요리를 무엇으로 할까 하다가 순대 볶음을 만들기로 했다. 제주도는 돼지고기가 맛있기로 유명한 만큼 당연히 족발이나 순대처럼 부속 요리도 정말 맛있다. 서구적인 수프와 한국적인 순대 볶음이라니!! 다들 낯설어했지만 나는 둘의 조화가 잘 맞을 것 같았다.

목요일 밤이 되었다. 첫 판매자로 참여하는 행사라니! 얼마나 설렜는지 모른다. 얼마나 팔았는지는 기억조차 나질 않았다. 그저 고객들의 표정 하나하나만이 기억에 남는다. 고객의 반응을 살피는 것에 가장 주력했기 때문이다. 아무리 맛있더라도 고객이 원치 않으면 소용없지 않은가! 다행히도 제주에서는 매콤한 순대 볶음을 보기 힘들다 보니 다들 좋아했다. 브로콜리 수프는 추운 겨울에 제격이었다. 나의 의도가 잘 맞아떨어졌다. 성공!

물론 모든 사람이 나의 음식에 대해 좋은 반응을 보여주는 것은 아니었다. 그럴 때면 해결책을 찾아내야 했다. 그냥 지나쳐 가는 사람에게는 순대 볶음의 향과 맛을 느끼도록 한 점 건네기도 했다.

같은 음식을 팔아도 매주 반응이 달랐다. 일찍 완판이 되어 끝나기도 하고 가져간 음식을 그대로 챙겨 와야 하는 날이 있기도 했다. 매진되든 손님이 없든 장사가 끝나는 날이면 복기를 통해 그날의 특징과 문제점 등을 노트에 기록해 놓았다.

완판 한 날이면 친구들과 축배를 들었다. 손님이 없는 날에는 친

구들과 순대 볶음 파티를 열었다. 이러나저러나 지꺼진장이 열리는 금요일 밤은 파티의 연속이었다. 시작부터 끝까지 '지꺼진' 나날들 이었다! 사람과 장사 모든 것이 나의 자산이었다.

겨울이 가고 봄이 왔다. 새로운 플리마켓이 열렸다. 바로 메밀밭 이 가득한 '보롬왓'에서 열리는 플리마켓이었다. 새로운 메뉴가 필 요했다. 넓은 평야에 눈꽃처럼 흩뿌려진 메밀꽃을 보면서 마들렌이 생각났다. 커피 한 모금에 마들렌을 한 입 베어 물면 잃어버린 시간도 찾아줄 수 있을 것 같았다. 플리마켓에서 판매할 마들렌은 메밀 마들렌으로 변화를 주었다.

메밀밭 안에 판매 부스를 만들면서 테이블 위를 메밀꽃으로 가득 채웠다. 테이블조차 메밀밭처럼 보였다. 오븐을 메밀꽃이 펼쳐진 곳에 설치해두고 자리를 잡았다. 마들렌은 12분 간격으로 구워져 나왔다. 갓 구워진 메밀 마들렌의 향이 퍼져나가면 사람들이 관심을 가지고 다가왔다. 메밀꽃을 넣은 포장지에 메밀 마들렌을 담아주면 받는 사람이 행복한 미소를 지었다. 하얀 메밀꽃 사이를 산책하면서 음료를 들고 다니기도 좋았다. 구매 고객이 끊이질 않았다. 음식은 향, 맛, 온도가 정말 중요하다는 것을 깨달았다. 역시 대성공!

실패를 통해 배우기도 했다. 음식을 판매한 수익을 기부하는 자선행사였는데, 기부금이 모이면 청소년 공부방을 연다고 했다. 대학 내에서 진행된 행사라 젊은 사람들이 좋아하는 메뉴를 준비해야겠다고 생각했다. 그래서 결정한 것이 바로 핫도그. 함께 제공할 음료수에 변화를 주고 싶어서 고민하다가 당근 주스를 준비했다. 당근이 출하되던 시기이기도 했고, 핫도그는 건강에 좋지 않다는 인식이 많으니 건강한 주스를 준비해서 이를 보완하려고 했다.

음식 자체는 문제가 없었다. 구좌의 대표작물 생당근을 착즙 해

서 당근 본연의 달콤한 맛을 놓치지 않았고, 핫도그는 두툼한 소시지를 사용해서 보기만 해도 먹음직스러웠다. 그런데 아뿔싸! 음식의 맛이 전혀 어우러지지 않았다. 음식을 준비할 때에는 페어링, 즉 음식궁합에 신경을 써야 한다는 사실을 간과한 것이다. 급하게 탄산음료를 준비해 대체했다.

이런 일도 있었다. 청소년 책방을 열기 위한 자선행사였는데, 300인분의 식사를 준비해야 했다. 그렇게 많은 인원을 위한 식사를 준비하는 일은 처음이었기 때문에 자신 있는 메뉴를 준비했다. 바로 샌드위치, 브로콜리 수프, 당근 주스였다. 그런데 음식을 많이 준비해야 한다는 것은 단순히 재료를 사람 수에 비례해서 구매하면 되는 정도의 일이 아니었다. 상상하지도 못한 일들이 펼쳐졌다.

30만 원어치의 당근을 착즙기 1대로 진행하기 위해서는 쉬지 않고 해도 24시간이 필요했다. 착즙기를 수소문하기 시작했다. 동시에 아르바이트를 급하게 고용해 한 편에서는 착즙을 하고 한 편에서는 샌드위치를 포장했다. 거짓말처럼 천장에서 하수가 터졌다. 행사를 망쳤다는 생각이 들었지만 포기하지 않고 새벽 6시까지 작업해서 마무리했다. 행사장에 도착했는데, 음식을 나열하는 것 역시도 몇 배의 시간이 들었다. 관객들은 입장하기 시작했지만 내 테이블의 세팅은 끝날 기미가 없었다. 30인분이 팔렸다. 자선행사에서 수익을 내긴커녕 마이너스가 된 것이다. 음식을 기부할 수 있는 곳을 찾아 모두 기부했다.

그래도 즐거운 날들의 연속이었다. 작은 성공과 실패가 모여 지금의 나를 단단하게 만들어 가고 있다고 믿기 때문이다. 성공을 통해 요리의 즐거움을 더했고, 실패를 통해 누군가에게 음식을 대접한다는 것을 결코 가볍게 생각해서는 안 된다는 교훈을 얻었다. 내 안에서 잔잔하게 음식에 대한 철학이 만들어지고 있었다.

현실은 달라지지 않는다. 일단 해보자!

"너 아직 창업 준비하는 것 맞지? 제주 올레에서 진행하는 '내 식당 창업 프로젝트'에 지원해보지 않을래?"

'내 식당 창업 프로젝트'는 이미 알고 있었다. 제주올레와 오요리 아시아 LH한국토지주택공사가 진행하는 청년 창업 지원 프로젝트 인데, 한 달 동안은 청년들에게 식당 운영에 대한 교육을 지원하고 한 달 동안 실제 가게를 운영해볼 기회를 준다고 했다. 1기를 시작할 때부터 주변에서 알려주기도 했고 나 역시 관심이 있어서 살펴봤는 데 두 달 이상 일정을 빼놓아야 한다는 점이 부담됐다.

그런데 벌써 3기를 뽑다니. 1기를 시작할 때 지원했다면 벌써 끝 났을 시간이다. '더 미루지 말고 해볼까? 좋은 기회 같은데…' 하는 생각이 들었다. 평소 존경하던 박찬일 셰프가 멘토 요리사로 레시 피를 손봐주신다고도 했다. 우선 지원하고 고민하자는 마음으로 서 류를 냈는데 덜컥 합격했다는 소식을 들으니 현실적인 문제들이 다 가왔다.

오전에는 농산물 공판장, 저녁에는 동문 야시장에서 근무하며 창업자금을 모으고 생활비를 썼다. 3기는 3달 동안 프로그램이 진행된다고 했다. 3달 동안 창업자금은커녕 생활비도 벌 수 없다는 뜻이다. 그것은 1기와 2기를 할 수 없었던 이유이기도 했다. 서귀포시 제주 올레여행자센터에서 프로그램이 진행되는 것 역시 문제였다. 왕복 2시간 이상 걸리는 일이었기 때문이다.

그런데, 왜인지 모르게 이번에는 꼭 지원해야겠다는 생각이 들었다. '일단 해보자. 앞으로 현실이 달라지진 않을 테니까. 인생에 있어서 3개월이 그렇게 긴 시간도 아니고!'라며 자신을 다독였다. 생활비는 뭐, 정 안 되면 대리운전이라도 하면서 벌지 뭐!

뜻이 있는 곳에 길이 있다고 했던가. 마침 제주올레 여행자센터의 1층 펍에서 근무하시던 분이 일을 그만둬서 아르바이트 직원을 뽑는다는 것이 아닌가. 제주올레에서 운영하는 게스트하우스도 지원된다고 했다. 안 할 이유가 없었다. 덕분에 생활비와 숙박, 왕복 교통의 문제가 모두 해결됐다. 시작부터 느낌이 좋았다.

3기는 8명으로 구성됐다. 그동안은 셰프들로 선정했는데, 3기는 꼭 요리를 전공하지 않았어도 다양한 사람들이 경험해볼 수 있도록 했다는 것이다. 내식당창업프로젝트로서도 새로운 시도라고 했다. 8명 중에 나를 포함한 3명은 요리를 전공한 사람들이었는데, 서울에서 이 프로젝트 때문에 온 사람도 있었다. 한 명은 이 프로젝트의 막내였는데 자기 브랜드를 만들고자 할 때 이 프로젝트를 알게 되어 서울에서 온 실력 있는 친구였고, 또 다른 한 명은 도시락집을 운영했다가 폐업한 경험이 있지만, 이 프로젝트를 통해 성공을 배우고 싶다는 형이었다. 더 힘들게 도전한 만큼 의욕이 대단했다.

식품영양학을 전공한 사람도 있었고, 요리를 전공하진 않았지만 현재 카페를 운영하는 분도 있었다. 중국에서 오랫동안 의류 사업을 했다는 분도 있었고, 문화가 있는 펍을 운영하겠다는 사람도 있었다. 남자가 3명, 여자가 5명이었고, 30대가 5명, 40대가 3명이었다. 여러모로 다양한 사람들이었다.

처음엔 서먹서먹했다. 하지만 창업이라는 공통관심사를 가지고 있어서인지 빠르게 친해졌다. 창업을 앞둔 요리사를 대상으로 하는 프로젝트라서 따로 요리 수업보다는 재료를 탐구하는데 더 많은 시간을 할애했다.

제주도의 식자재를 따로 공부하고 양용진 제주향토음식보전연구원장님과 함께 오일장을 둘러보며 좋은 식자재를 골라보기도 했고 잘 운영되고 있는 레스토랑을 동기들과 함께 탐방하기도 했다.

사업계획서, 마케팅 등 실무적인 내용도 배웠다. 크라우드 펀딩이나 브런치, 인스타그램 등은 잘 알지 못했던 분야였는데, 지금 이렇게 브런치를 쓰고 있는 걸 보면 배우는 건 정말 좋은 일이다.

펍 아르바이트를 하는 저녁 시간 역시 배움의 연속이었다. 청년 셰프 2기 활동을 한 용한 형은 서귀포 호텔에서 근무했던 일식 전문가임에도 불구하고 배움에 대한 열정이 끝이 없었다. 호텔에서 유명 셰프를 초청하는 행사를 할 때는 쉬는 날도 반납하고 참여했다고 한다. 일본어를 모르면서도 일본어 요리책을 보며 공부했고, 여전히 새로운 책이 나오면 찾아본다고 하셨다.

이렇게 청년셰프를 하는 동안 도처에서 스승을 만났다. 지원하길 잘했다고 느끼는 순간은 계속됐다. 이 이야기를 쓰려고 다시 생각하는 것만으로도 가슴이 뛸 정도다.

어느새 박찬일 셰프님이 내려오시는 날이 되었다. 박찬일 셰프님이 코멘트를 해주시다니!! 설레기도 했다. 박찬일 셰프님은 수요미식회의 패널로 활동하기 이전에도 몽로, 광화문국밥 등을 성공시킨 스타 셰프였다. 게다가 글 쓰는 요리사로도 유명했다. 나에게는 우상 같은 존재가 아닐 수 없었다.

메뉴 테이스팅 날은 8명의 조원이 각자 하고 싶은 요리를 하나의 주방에서 만들어야 했기 때문에 분주할 수밖에 없었다. 우리는 4명씩 조를 나눠서 오전과 오후로 나누어 주방을 쓰기로 했다. 나는 BBQ를 하고 싶었지만 한 달 동안 팀원들과 식당 운영을 할 메뉴를 만들어야 했기 때문에 샌드위치로 조율했다. 조리가 끝나고 마침내 박찬일 셰프님과 대화할 시간이 주어졌다.

박찬일 셰프님은 '샌드위치나 햄버거는 내 전문분야가 아니라 큰 도움이 되지 못할 것'이라고 하셨는데 그 겸손함이 너무 놀라웠다. 여기서 더 나아가 고객 관점에서 바라볼 것을 이야기하고 불고기 샌드위치를 제안해주셨다. 맛의 균형을 잡는 것뿐 아니라 식당을 운영하는 선배로서도 많은 조언을 주셨고 하나하나가 모두 감사할 뿐이었다.

그때였다. 누군가에게 전화하시던 박찬일 셰프님이 갑자기 "서울에 올 수 있겠냐"고 물어보신 것은. 어리둥절해 하는 내게 셰프님이 말씀하셨다. "내가 햄버거를 잘 아는 후배를 소개해줄게." 그리고 BBQ에 관련한 책을 한 권 주문해주시며 읽고 오라고 하셨다.

한 달 후 서울에 올라가 약속장소에 도착하니 레이먼킴 셰프님이 앉아계셨다. 눈앞에 보이는 장면을 믿을 수가 없었다. 지금 내 앞에 박찬일 셰프님과 레이먼킴 셰프님 두 분이 앉아계시다니. 그것도 나를 만나기 위해서!

식당 이야기도 하고 메뉴 이야기도 하고 농담도 나누는 모든 순간이 꿈만 같았고 믿어지지 않았다. 동시에 기대에 부응하기 위해 더 열심히 해야겠다는 다짐을 하게 됐다. 시간이 멈췄으면 좋겠다. 이 모든 순간을 하나하나 놓치고 싶지 않다.

도전하길 정말 잘했다.

꿈을 이루는 꿈을 꾸는 꿈을 그리다

시식회를 마치고 팀원이 정해졌다. 내 식당 창업 프로젝트의 모의 식당 운영 프로그램은 팀원들이 각자 주방장이 되어 자신의 요리를 선보이는 형태로 진행된다. 한 달 동안 고민하고 레시피를 보완한 메뉴를 선보이고 고객의 반응을 볼 수 있는 기회를 만드는 것이다. 그동안 주방을 나눠 쓰기 위해 팀을 나눠서 진행했기 때문에 그대로 운영될 줄 알았는데, 팀원이 바뀌었다. 그래도 운영하기엔 너무 실력 차가 난다는 것이 그 이유였다.

첫 달에는 메뉴가 좀 더 완성된 사람들이 투입되고 나머지 사람들은 조금 더 노력해서 두 번째 달에 식당을 운영해보자고 했다. 요리에 대한 아이디어는 있지만, 경험이 전혀 없는 두 명의 멤버를 각조에 한 명씩 배정했으니 요리 경험이 많은 사람들이 이끌어달라고도 했다.

나는 두 번째 조에 편성됐다. 두 번째 조에는 나와 요리를 전공한동갑내기 은남이, 중국에서 의류 사업을 했던 유형 누나와 문화가있는 펍을 만들고 싶다는 지선 누나, 이렇게 4명으로 구성됐다. 1조는 탄탄한 완성도를 보여준 막내 셰프 승현이와 도시락 사업을 했던 한식 강자 정현 형, 식품영양학을 전공한 지혜 누나와 카페를 운영하고 있던 은희 누나로 구성됐다.

사실 자존심도 조금 상했다. 바로 투입될 수 있을 정도로 완성된 메뉴는 아니라는 뜻 아닌가. 그런데 결과적으로 이 일은 전화위복이 되었다. 한 달간의 생각할 시간을 가질 수 있었고, 그래서 제주올레에서 진행된 청년셰프 프로그램 중에 가장 인상적이라는 평가를 들을 수 있었으니 말이다.

1조는 다음 날부터 바로 매장 운영을 하게 됐음에도 불구하고 너무나도 능숙하게 각자 야심 차게 준비한 메뉴들을 선보였다. 통갈치를 예술적으로 토핑한 승현이의 갈치 덮밥, 소시지와 치즈를 말아낸 정현 형의 소치롤은 당장 사업화해도 부족함이 없을 것 같다. 여기에 지혜 누나가 함박스테이크를 더했고, 요리 경험이 적은 은희 누나는 제주 농산물을 활용한 샐러드를 만들었다. 손이 느린 은희 누나는 5접시만 한정 판매를 했는데, 다른 사람들을 도와주고 서빙도 하면서 1조만의 룰을 만들고 있었다. 고객의 반응에 따라 변화를 주며 음식을 완성해나가는 모습을 보니 멋있기도 했고 부럽기도 했다.

우리 조는 주방 경험이 없는 사람이 두 명이나 됐다. 거기에 메뉴도 문제였다. 지선 누나의 비건으로 만든 봄동 만두, 은남이의 일본식 장어덮밥, 유형 누나의 대만 요리 우육탕, 그리고 내가 준비한 불고기 샌드위치까지 함께 판매하기에는 뭔가 조화롭지 않았다. 요리를 전공한 나와 동갑내기 은남이가 이끌어야 할 상황이었다. 어떻게 한 달을 이끌어나갈지 눈앞이 캄캄했다.

어쨌든 해결해야 할 문제이니 해결을 해야 했다. 우리는 어떤 메뉴와 어떤 메뉴를 함께 묶어서 판매할지, 추가할만한 메뉴는 뭐가 있을까를 논의하기 위해 만나기로 했다. 동시에 한 달 동안 사용할 주방에서 각자의 동선과 역할 분담을 어떻게 해야 할지도 얘기해야 했다. 짧은 시간에 이렇게 할 얘기가 많은데 과연 해결할 수 있을까. 다소 서먹한 관계를 개선하기 위한 친목 도모의 장이 되지 않을까. 큰 기대는 없었다.

"우리 프로젝트 이름이 내 식당 창업 프로젝트잖아요? 진짜로 제주올레에 내 식당을 창업해서 운영한다고 생각하면 어때요? 가게 이름도 정하고 메뉴도 한 명이 다 구성하고."

주방 경험이 없는 지선 누나가 아이디어를 냈다. 요리 경험이 없어서 식당 운영이 어려운 줄 모르고 하는 아이디어라고 생각했다. 그런데 곱씹어볼수록 진짜 내 식당이라고 생각하고 운영할 수 있다면 배울 점이 많을 것 같았다. 동시에 할 일이 엄청 늘어날 것 같기

도 했다. 당장 식당의 콘셉트부터 정해야 했고, 메뉴도 통일성 있게 구성해야 했다.

내 식당이라고 생각하면 홍보도 해야 하고 예산부터 결산까지 일 목요연하게 경험해볼 수 있겠다 싶었다. 동시에 한 주를 내가 온전히 다 책임져야 한다고 생각하니 엄청난 부담감도 들었다.

그런데 우리 조원들의 에너지가 정말 좋았다. 언제나 새로운 시도를 해보고 싶어 했고, 배울 점이 많다면 일이 많아지는 것도 마다하지 않았다. "그러면 우리가 지난 한 달 동안 배운 걸 써먹어볼 수 있는 기회가 되겠네!" 최고 연장자인 유형 누나가 말했다. 정말 나이는 숫자에 불과했다. 우리는 도전해보기로 했다. 도전해야 성공할수 있을 테고, 실패하더라도 더 많이 배울 수 있을 테니까! "내 식당이라면 지금 뭘 해야 할까?"로 회의의 주제가 바뀌었다.

우리는 전단지를 만들어 배포하기로 했다. 프로젝트를 주관하는 오요리아시아의 박태주 PM님께 협조를 요청했더니 흔쾌히 멋진 디자인과 함께 리플릿을 만들어주셨다. 제주시에 사는 지선 누나는 디자인을 도왔고, 서귀포에 사는 은남이와 유형 누나, 그리고 나는 서귀포의 마트와 공공기관을 시작으로 직접 배포에 나섰다.

나의 이야기를 듣기도 전에 지나쳐가는 사람, 소개 책자를 받지 않는 사람들 사이에서 씩씩하게 리플릿을 건네며 눈길을 끌 방법을 생각했다. 오늘 이 일은 진짜 내 식당을 갖게 되었을 때 귀한 경험이 될 것이다. 지선 누나는 자주 이렇게 말했다. "세상에 저절로 되는 것은 없다. 되게 만드는 것이 중요하다."

온라인 마케팅으로는 틈틈이 내 식당 창업 프로젝트의 공식 SNS 계정을 통해 우리의 활동을 알리고 직접 지역 카페에 홍보하기로 했다. 원래는 매니저님이 운영하는 일이라 양해를 구했다. 다소 어설플 수는 있지만 청년셰프가 직접 운영한다는 데 의의가 있지 않을까 생각했다. 물론 하기로 한 이상 잘해야 했다.

한 주 동안은 한 명의 팀원이 사장님이 되고, 다른 세 명이 종업원 역할을 하기로 했다. 메뉴의 구성부터 주방 동선, 역할을 사장님의 의견에 따라 맞췄다. 주방 경험이 있는 나와 은남이가 주도했지만, 전체적으로는 서로의 의견을 모두 반영할 수 있도록 했다. 덕분에 우리 조는 회의를 정말 많이 했다. 팀원 한 명은 제주시에서 매번 내려와야 했는데, 늘 에너지를 얻고 간다고 했다.

내 식당을 창업한다고 생각하니 불고기 샌드위치만으로는 부족했다. 식당의 구성을 갖추려면 애피타이저부터 디저트까지 있어야했다. 나는 식당의 테마를 브런치로 잡았다. 식당 이름과 메뉴 구성은 다 같이 아이디어를 모았다. 우리는 3월에 식당을 운영하게 되느니만큼 '봄'을 느낄 수 있는 콘셉트로 꾸미기로 했다. 첫 주는 환영회, 2·3주는 사랑과 낭만, 마지막 주는 벚꽃엔딩을 주제로 정했다. 그리고 각자의 주는 각자가 책임지기로 했다. 한 주 동안의 내 식당이 생긴다. 다른 조원들은 각각 한식, 중식, 일식을 선택했다. 이 모든 계획과 실천이 순식간에 이뤄졌다. 이렇게 다양한 사람들이 한조가 됐는데 이렇게 팀워크가 좋을 수가 있을까 놀라울 정도였다.

나는 '자연 제주의 브런치'라는 식당 이름을 정하고 제주의 건강한 식재료를 활용한 브런치 메뉴를 만들어보기로 했다. 감귤나무로훈연한 햄버거, 토마토 스튜, 가지 치아바타, 스테이크 치아바타, 자이언트 토스트, 옥돔 샐러드가 탄생했다. 팀원들이 마지막을 화려하

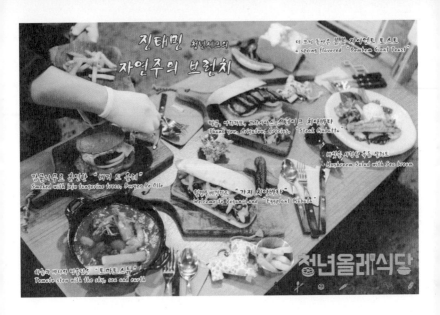

게 장식해달라고 장난처럼 부담을 줬다. 1조의 운영을 통해 배울 시간이 많은 것도 마지막 주의 장점이었다.

한 달이 순식간에 지나갔다. 하나하나 열거할 수 없을 만큼 다양한 에피소드가 있었다. 도대체 사람이 얼마나 올지, 도대체 몇 인분의 식사를 준비해야 할지 몰라서 덜덜 떨던 첫날부터, 재고가 남을까 봐 걱정한 것이 무색하게 모든 요리가 완판되어 추가 메뉴를 구성해야 했던 마지막 날까지! 하루도 빠짐없이 에피소드가 쏟아졌다. 나도 모르게 변화는 시작되고 있었다. 나의 어려운 도전을 위해 힘을 나눠주는 사람들이 생겨났다. 저절로 힘이 났다. 아침에 일어나면 서귀포 앞바다를 바라보며 조깅을 했다. 추운 겨울에 땀을 흘리고 마시는 커피 한 잔은 마술처럼 에너지를 주었다.

그리고 우리의 팀워크는 더욱 단단해졌다. "우리, 프로젝트가 끝나도 일 년에 한번 씩은 만나요."라는 인사가 무색하게 제주도에서 가장 자주 만나는 사이가 될 정도로! 하하~ 돌이켜보면 서울에서 캐나다를 떠난 순간부터 제주도에 오기까지 마법 같은 시간이었다. 마치 누군가 나의 성공을 간절히 원하고 있는 것처럼. 온 우주가 나를 도와주고 있는 것이 아닐까 하는 생각까지 들 정도였다.

내 식당 창업 프로젝트 역시 우연처럼 이뤄졌지만, 펍 아르바이트부터 평소 존경하던 셰프님들을 만나게 되었다. 이 자리를 빌어 내 식당창업프로젝트를 기획한 제주올레와 오요리아시아, LH한국토지주택공사 모든 분들께 감사를 전하고 싶다. 사실 프로젝트를 진행하는 동안에는 시스템에 불만도 많았고 아쉬운 점도 많았다. 그런데 돌아보면 이 모두를 만나게 해주고 시너지를 끌어내고 결과를 만들어낸 모든 순간에 이들이 있었다. 특히 오요리 아시아의 이지혜 대표님은 프로젝트가 끝난 이후에도 정말 열정적으로 우리를 돌봐주시고 응원해주셨다.

꿈꾸던 일들이 현실이 되어 가고 있었다. 이렇게 내 식당 창업의 순간은 점점 다가오고 있었다

수년째 외식업 청년 창업자들과 일하면서 늘 자문한다.

"이 창업의 마지막은 무엇이 될 것인가?"

제주 버거스테이 진태민 사장은 갑부가 될 것 같지는 않지만, 성공한 창업
자가 될 것 같다는 생각도 든다.

꾸준히 자신의 욕망을 자신의 가게와 햄버거에 혼연일치하고 있는 그의 사
업을 보면서, 우리에게 창업은 인생의 과정이자 자존감을 확인하는 과정이
아닐까 하는 생각도 든다. 여하튼 누가뭐래도 버거스테이 진태민 사장님은
미치도록 성공하고픈 사람이 맞다.

– 이지혜 (사회적기업 오요리아시아 대표)

내 꿈은 햄버거 예술가

이상을 찾아 일상을 떠나다

제주올레와 오요리아시아, LH한국토지주택공사에서 3개월 동안 진행한 내 식당 창업하기 프로젝트가 모두 끝났다. 모든 것이 일상으로 돌아왔다. 아침에 눈을 뜨면 서귀포의 푸른 바다가 아닌 제주시의 높은 건물들이 반겨주었다. 제주시의 높은 건물이라니! 도시 사람들이 들으면 웃을지도 모르지만.

모든 것이 그대로 돌아왔지만 모든 것이 그대로인 것은 아니었다. 창업에 대한 열망은 커졌고 든든한 지원군이 생겼다. 아침이면 메신저 창의 단톡방에 메시지가 쏟아졌다. "오늘은 뭐해? 어느 지역을 보고 왔어? 브랜드는 정했어?" 다들 창업 준비로 바쁜 나날들이었다.

나 역시 질 수 없다. 4년 전 배낭을 메고 온 그 순간처럼 다시 배낭을 메고 길을 나섰다. 꿈을 펼칠 순간이다. 이제 앞으로 나와 함께할 공간을 찾으러 제주도를 탐험하기로 했다. 여행을 위해 찾은 제주도와는 또 다른 모습의 제주도가 나를 기다린다. 지난 시간이 번개처럼 스쳐 지나간다. 과장해서 말하자면 지난 모든 시간이 오늘을 위해 존재했던 것만 같다. 꿈꾸던 나만의, 날 위한 그곳은 있을까?

- 역시 도시 사람들이 들으면 웃을 이야기겠지만 - 제주에서 나의 공간은 높은 빌딩을 벗어나 구옥의 정기와 바람, 풀냄새를 맡으며 여유를 즐길 수 있는 그런 공간이었으면 좋겠다. 몇 년 전만 해도 제주에는 구옥이 많았다. 그런데 최근 불어닥친 제주도 개발의 시대를 거치면서 많이 사라졌다. 최소한의 수리로 공간의 역사와 이야기를 나눌 수 있는 미래의 모습을 그리곤 했는데 곱씹어 볼수록 아쉬운 일이다.

자전거를 이용해 제주도를 한 바퀴 돌아보기로 했다. 마을 사람을 만나면 언제라도 이야기 나눌 수 있는 눈높이에서 언제라도 멈출 수 있는 속도로. 자전거를 타면 늘 편안했다. 가고 싶은 곳으로 천천히 가고 쉬고 싶을 땐 어디라도 쉬면서 주변을 둘러볼 수 있는 그 여유가 좋았다. 자전거를 타면 골목도 해변도 두렵지 않았다.

어쩌면 공간을 찾는다는 핑계로 자전거 여행을 시작한 셈일지도 모르겠다. 하하! 어쨌든 얼마나 즐거운 일인가.

제주시 용담동에서 삼양동을 향해 달려갔다. 삼양동은 삼양해수욕장을 중심으로 아름다운 해변이 있는 곳이다. 그곳에는 오래된 집, 지역주민들이 찾는 몇 개의 노포가 있다. 관광지는 아니지만, 삼양해수욕장을 통해 관광객과 지역주민이 융화될 수 있는 동네가 아닐까 싶다. 어느새 점심시간이 되었다. 평소 즐겨 찾던 튀김집에 가는데, 골목길 순대 국밥집 앞에 손님이 가득한 것이 아닌가. 자동차로 지날 때는 못 보던 풍경이다. 그곳에서 순댓국 한 그릇 먹고 다시 길을 떠났다.

골목길 어귀에 앉아계신 어르신을 만났다. 자전거를 멈춰 세워 인사를 드렸더니 좋아하셨다. 두런두런 이야기를 나눴다. 동네 이야기를 들을 수 있으니 좋은 일이다. 이곳에서 다양한 청동기 유적물이 발견되기도 했다고 말씀하시는 어르신의 표정에서 자부심이 느껴진다. 제주도에 살면서 숱하게 지나갔던 길이다. 오늘도 차를 타고 왔으면 지나쳤을 곳일 테다. 자전거를 타고 오길 잘했다.

열심히 자전거 페달을 밟는다. 바다를 따라가다 보면 올레길이 나온다. 길을 걷던 여행자들과 인사를 하고 가끔은 멈춰 서서 이야기를 나눴다. 제주도는 그런 곳이다. 낭만이 있고, 자유가 있는 곳. 이제 내 식당만 찾으면 환상의 섬일 테다.

나의 공간은 제주의 특별한 이야기가 있는 곳이었으면 좋겠다. 제주의 감성을 담아내면서도 역사와 이야기가 있는 곳이면 좋겠다. 그런 공간을 찾으면 세상이 다 내 것 같을 것 같다. 치즈가 줄줄 흘러내리고 육향이 진하게 나는 질 좋은 고기로 만들어낸 패티, 지역에서 구할 수 있는 신선한 야채, 이 둘이 조화롭게 어우러진 햄버거를 사람들에게 보여주고 싶다. 그날이 빨리 왔으면 좋겠다!

다시 힘차게 페달을 밟는다. 심장이 뛰는 느낌, 좋다!

2019년 4월 23일

공간을 찾기 위해 자전거로 제주도 한 바퀴를 돌아보기로 결심하다. 삼양과 함덕 지역을 살펴보았다. 제주시 근교에 있으면서도 아직 오래된 도시의 느낌이 남아있는 지역이다. 지역 주민들로 이루어진 마을이라 어르신들이 많지만, 제주시에서의 접근성이 좋은 곳이다.

2019년 4월 24일

함덕에서 출발해 세화와 성산을 둘러보았다. 거주자가 적은 지역인데 비수기이다 보니 관광객도 보이지 않아 한산하다. 그래도 여전히 아름다운 바다가 반겨주는 곳이다.

2019년 4월 25일

성산을 조금 더 둘러보고 표선지역을 찾았다. 표선은 내식당창업하기 프로젝트 기간에 추천받았던 곳인데 생각보다 사람들이 많이 살고 볼 것도 많았다. 다만 목적지와 목적지를 자전거로 이동하는 것이 꽤 소모적이라는 생각이 들었다. 때마침 제주시에 일정이 생겨 자전거 여행(!)을 끝내게 되었다. 표선에서 자전거를 반납하고 버스를 이용해 제주시로 향했다. 이제 본격적인 공간 탐험이 시작해야겠다고 다짐하면서.

2019년 4월 27일

지금까지 둘러봤던 곳 중에서 가장 좋았던 곳에서 가게를 열기로 했다. 서귀포시 보목동을 선택했다. 무작정 돌아다니며 구옥을 찾았다. 제주도는 특성상 인터넷이나 부동산보다 지인을 통해 부동산을 거래하는 일이 많았다. 그래도 무턱대고 공간을 찾는다는 건 쉽지 않은 일이었다. 구옥을 찾는다고 찾을 수 있는 것도 아니었고, 주인을 찾아도 임대할 수 있을지 모르는 일이었다. 모르니까 무모한 도전을 했던 거다. 부동산 정보를 중심으로 공간을 찾을 수밖에 없겠다 싶다.

2019년 4월 28일

서귀포시 서홍동에 구옥이 나왔다는 말을 듣고 찾아갔다. 오랫동안 비어있는 폐가였다. 리모델링을 하기 위해서는 건물을 새로 한 채 짓는 수준의 비용이 나왔다. 내 능력으로 감당할 수 없는 수준이었다. 구옥이 있다는 광고를 보고 찾아가 보니 이미 철거된 곳도 있었다. 앞으로 찾아볼 목록에서 폐가 구옥은 제외하기로 했다. 점점 구할 수 있는 건물의 범위가 좁혀지고 있다.

2019년 4월 29일

서귀포시 법환동 골목 카페가 나왔다는 소식을 듣고 찾아갔다. 보증금 1000만원에 년세가 1000만원이나 했다. 거기에 권리금도 1500만원이 더해졌다. 이미 내가 가진 돈을 다 끌어모아야 겨우겨우 계약할 수 있는 수준이었다. 하지만 여기에 공사비가 더해지면 감당할 수 없었다. 포기하기로 했다.

2019년 4월 30일

올레시장 근처에 임대 조건에 맞는 카페가 나와서 찾았다. 유동인구가 적지만 가진 예산이 많지 않아 선택권이 없었다. 한참 설명을 하던 부동산 사장님은 권리금이 3500만원이라고 말했다. 자리에서 일어섰다.

2019년 5월 1일

어느새 5월이 되었다. 서귀포시 칼 호텔 옆 상가주택을 보고 나오면서 이제 다른 지역을 알아봐야겠다고 판단했다. 매일 서귀포를 왕복하는 일은 차라리 쉬운 일이었다. 예산에 맞는 서귀포에 나온 매물을 다 둘러볼 때까지 내가 있어야 할 곳은 없었다. 자본이 문제였다.

2019년 5월 2일

지인에게 연락이 왔다. 애월읍 봉성리의 어느 주택을 리모델링하는 조건으로 무상임대한다고 했다. 이미 오래된 구옥을 리모델링하는 것이 내 예산으로 할 수 없는 일이라는 걸 아는 상태였지만, 지푸라기라도 붙잡는 심정으로 찾아갔다. 역시나 포기.

2019년 5월 3일

월정리에 있는 7평 가게를 찾았다. 7평은 햄버거를 만들 수 있는 주방을 꾸미기에 작아도 너무 작은 곳이었다. 아직은 현실과 타협하지 말고 조금만 더 찾아보자.

2019년 5월 4일

한경면에 있는 신축 건물을 찾았다. 보증금 2000만원에 연세가 2000만원이었고, 신축건물이라 권리금이 없었다. 하지만 주변에도 역시 아무것도 없었다.

2019년 5월 5일

"차라리 초기 투자금을 높여서 잘 갖춰진 곳에 들어가면 어때? 그만큼 더 많이 벌면 되잖아." 공간 찾는 기간이 길어지면서 주변에서 다양한 조언을 해줬다. 그럴지도 모른다는 생각에 대정읍에 있는 고급레스토랑을 찾았다. 멋진 바다 앞 뷰와 화덕 장비 갖춰진 레스토랑이었고, 더 필요한 게 없었다. 상상했던 바로 그 공간이었다. 다만 임대료가 상상을 초월했다.

2019년 5월 6일

제주도 내에 매물로 나온 부동산은 다 찾아본 것 같다. 찾아갈 수 있는 곳도 점점 줄어들고 있었다. 협재 해수욕장 주변에 소주 가게가 나왔다는 말을 듣고 갔다. 주방이 너무 작아서 새로 공사해야 했다. 발걸음을 돌렸다.

2019년 5월 7일

부동산 정보에 나온 임대 매물은 다 찾아갔다. 사람들이 주는 정보도 점점 줄었다. 어쨌든 밖으로 나왔다. 골목을 걸으며 임대라고 붙어있는 곳은 모두 연락했다. 역시 제주시는 도시였다. 금액의 단위가 달랐다. 급매로 나온 건물은 계약 관계가 복잡하게 얽혀있었고, 건물주와의 직접 거래가 아닌 임대인끼리의 거래를 요구하기도 했다. 이 방법은 아닌 것 같다.

2019년 5월 8일

골목을 걸을 때마다 눈에 밟히던 작은 카페가 있었다. 한 번쯤 이용하고 싶었는데 항상 문이 닫혀있었다. 혹시 운영하지 않는 카페인걸까? 사장님을 만날 때까지 문 앞까지 기다려보기로 했다. 해가 질 때까지도 찾아오는 사람은 없었다.

2019년 5월 11일

비도 오고 매물도 없어서 며칠 쉬었다. 점점 마음이 답답해진다.

제주도에서 가장 번화한 상권을 구경해보기로 했다. 10평도 안 되는 가게가 권리금 5천만원부터 시작했다. 어디서부터 잘 못 된 건지 모르겠다.

2019년 5월 12일~19일

제주시에 임대 매물로 나온 건물 중에서 보증금과 연세 모두 합쳐서 1천만원 이하인 모든 곳을 둘러보았다. 모두가 사무실이었고, 식당을 할 수 있는 곳은 없었다.

2019년 5월 20일~5월 30일

제주도 전역을 찾아봐도 갈 수 있는 곳이 많지 않았다. 그래도 새로운 정보가 나오면 어디라도 달려갔다. 제주시에서 서귀포에 갔다가 돌아오는 길에 다시 연락을 받고 차를 돌린 적도 있었다. 그렇게 5월의 마지막 날이 지나갔다.

2019년 6월 한 달 간의 이야기

마음이 조급해졌다. 하나하나 열거할 수 없을 만큼 많은 곳을 매일 매일 다녔다. 달라지는 건 없었다. 입주할 수 있는 환경이면 임대료 조건이 맞지 않았고, 임대료 조건이 맞으면 공사비가 크게 들거나 법적인 문제가 있었다. 임대료와 건물 환경이 좋으면 권리금이 터무니없게 높았고. 이런 곳을 임대할 수 있는 사람들이 있을까?! 임대하더라도 어떻게 수익을 낼까?

사무실 공간이나 카페 공간은 종종 있었지만, 식당을 할 수 없는 이유가 너무 많았다. 특히나 비비큐와 햄버거를 해야 하는 입장에서 환기까지 고려하니 선택의 폭이 더 좁아졌다. 문득문득 카페를 할까? 하는 생각도 들었다. 만나는 사람마다 공간을 찾았냐고 물었다. 자꾸 조급해졌다.

"눈이 너무 높은 거 아니야?" 누군가는 이렇게 말했다. 하지만 아무리 눈을 낮추더라도 내가 가진 예산으로는 선택의 폭이 너무 좁았다. 그렇다. 눈이 높은 게 아니라 가진 게 없었다. 세상의 벽은 생각보다 너무 높았다. 원하는 공간은 다시 태어나지 않고서야 벌 수 없는 수준이었고, 내 손안에 들어올 수 있는 공간은 법적인 문제가 있거나, 사람이 살 수 없는 곳이었다. 그럼에도 불구하고 찾아야 했다. 꼭 찾아야만 했다, 내 공간을!

아침 6시면 일어나 부동산 정보를 찾고, 새로 나타난 곳이 있으면 어디라도 달려갔다. 제주시에서 서귀포로, 서귀포에서 제주시로, 한라산을 하루에도 두세 번씩 넘었다. 그렇게 공간을 찾은 지 두 달이 지났다. 자전거로, 걸어서, 차로, 제주도를 몇 바퀴를 돈 것 같다.

공간을 찾는 일이 한 달이 지나가니까 주변에서도 정보를 많이 알려줬다. 하지만 대부분 이미 다녀온 곳이거나 거래가 끝난 곳이었다. 가끔 새로운 곳도 있어서 가보면 생각지도 못한 문제들이 있었다. 공간을 찾는 일은 부동산을 공부하는 일이기도 했다. 의미 없는 시간은 아니었지만, 예산의 한계는 벗어날 수 없었다. 갑자기 돈이 하늘에서 뚝 떨어질 리는 없을 테니까.

이 곳에 하나하나 다 기록하진 못했지만 여러 가지 사건이 많았다. 한 번은 10평 정도 되는 독립된 공간이었는데 내가 가진 수준에서 해결할 수 있는 임대료였다. 2층이긴 했지만, 그게 어딘가! 가는 길에 전화가 왔다. 계약이 완료됐다고.

계약 직전에 서류를 확인해보니 식당허가가 나지 않는 지역이었던 적도 있고, 주차장에 폴딩도어만 달아놓고 임대를 한다는 사람도 있었다. 아직 때가 아닌 걸까?

운명을 찾기 위한 여정

어느새 매너리즘이 찾아왔다. 부동산 광고를 뒤적거리다 눈에 띄는 곳을 향했다. '설마 되겠어?'라는 마음으로 가는 길이 즐거울 리 없었다. 사실 공간을 보러 가기보다는 무료함을 달래기 위한 드라이브에 가까웠다.

"제주에는 내가 찾는 공간이 없는 것 같아. 창업을 미뤄야 할까?" 이런 말을 하게 될 줄이야. 습관처럼 가져오는 지역 정보지의 부동산 광고는 다 외울 지경이다. 몸도 마음도 지쳐간다.

식당 창업, 어려운 줄은 알았지만, 이 정도일 줄이야. 마음이 조급해져 올수록 어두운 그림자가 다가오는 듯했다. 지치면 안 되는데, 어느새 주변 사람들이 "괜찮냐"고 먼저 물어보는 것을 보면 표정도 꽤 굳었나 보다.

이 공간이 정말 문제가 있는 건지 내가 문제를 찾아내는 건지 점점 자신이 없어졌다. 비가 와서, 피곤해서, 친구가 놀러 와서, 부동산을 찾는 일을 쉬기도 했다. 핑계가 점점 늘었다. 어느새 부동산 광고 페이지가 아닌 구인구직 페이지를 보고 있는 내 모습을 발견하고 흠칫 놀라기도 했다. 내 식당 창업 프로젝트를 통해 친해진 동기이자 형, 정현 형이 보다 못해 공간을 찾는 길에 동행해주기로 했다.

많은 것을 바라는 것도 아니었다. 큰 공간을 찾는 것도 아니었다. 다만 단독 건물이면서 옥상이나 마당이 있어서 손님들이 편안한 마음을 가질 수 있는 곳이길 바랬다. 제주도 부동산 가격이 하늘 높은 줄 모르고 올라갔다는 말은 들었지만, 이 정도일 줄이야. "형, 나 창업 포기할까?"라고 나도 모르게 투정을 부렸다가 카페 마감 시간에 쫓겨 나올 때까지 이야기를 나눈 적도 있었다. 정현 형은 그러고도 마음이 놓이지 않았는지 차 안에서도 끊임없이 용기를 북돋아 주었다. 이제 와 다시 생각해도 정말 고마운 일이다.

가지가 천국에 닿으려면 뿌리는 지옥을 향해야 한다고 했다. 입구의 문턱도 도달하기 전에 포기할 수는 없는 일이다. 해보자. 이 과정을 거쳐 공간의 소중함을 더욱 절실하게 느낄 수 있을 것이다. 언제 가는 나에게도 귀한 공간이 생길 것이다. 스스로 주문을 걸었다.

공기 안에 눅눅함이 가득해서 언제 비가와도 이상하지 않을 것만 같던 2019년 6월 29일 아침. 찌뿌둥한 몸을 일으키며 눈을 떠보니 정현 형으로부터 메시지가 와 있었다. "여기에 가 보지 않을래?" 링크를 열어보니 세화 지역에 있는 가게 임대 글이다. 가고 싶지 않앉지만 노력해준 정현 형에게 미안해서 약속을 잡았다. 큰 기대 없이 광고 속 임차인의 전화번호로 전화를 걸었더니 마침 오늘 시간이 된다고 했다.

세화로 향했다. 역시나 내가 원하는 대로 마당이 있는 고즈넉한 공간이 매력적인 건물이었다. 응? 마당이 있었다. 별채도 있었다. 나무의 느낌이 아늑하게 느껴지는 작은 공간이었다. 지은 지 얼마 되지 않아 깨끗하면서도 제주의 느낌이 묻어나는 공간이었다. 걸어서 5분 거리에 아름다운 세화 바다가 있었고, 게다가 심지어 내 예산 안에서 구할 수 있는 공간이었다. 이게 어떻게 된 일이지?

뜻밖의 행운이 믿기지 않았다. 공간이 구해지지 않아 스트레스를 받을 때 사람들이 그랬다. 공간은 노력한다고 찾을 수 있는 곳이 아니고 운명처럼 다가온다고. 그때는 전혀 귀에 들어오지 않던 그 말이 갑자기 생각났다. 운명일까?

계약한다는 말에 정현 형이 더 놀란 듯했다.

"이렇게 갑자기? 좀 더 생각해봐야 하는 거 아니야? 여기 유동인구도 너무 적고…."

정현 형은 잠시 우려했지만 "하긴 완벽한 곳이 어디 있겠어. 어쨌

든 선택했으면 잘 이끌어봐."라며 응원해 주었다. 중요한 순간에 함께 할 수 있어서 좋았고 또 감사했다.

생각지도 못하게 갑자기, 나에게 공간이 와버렸다. 지금껏 그랬던 것 같다. 작은 일은 오랫동안 주저했지만, 큰일은 빠르게 결정을 내려왔다.

회사를 그만둘 때도, 도시를 이동할 때도.
세화리야! 앞으로 잘 부탁해.

버거킹 아니고 버거의 킹이 옵니다!

"왜 햄버거야?" 제주도에서 창업한다고 할 때부터 귀에 못이 박이도록 들었던 질문인데, 여기에 질문이 하나 더 추가됐다. 아니 두 개인가? "왜 세화야?" 혹은 "세화에서 왜 햄버거야?"

그러게 왜 햄버거를 하고 싶은 걸까? 웃으면서 얼버무렸지만 사실 큰 꿈을 말하기가 부끄럽기도 했다. 여전히 부끄럽지만, 이 자리를 통해 이야기하고 싶다. 다음에 또 누가 물어보면 이 글을 보여줘야지. 하하

햄버거는 패스트푸드로 이미지가 굳혀졌지만 사실 하나하나 따져보면 손이 정말 많이 가는 식품이다. 빵과 야채, 고기가 모두 사용되고 그 하나하나가 맛있어야 진짜 맛있는 햄버거를 만날 수 있다. 이 종합예술 같은 요리가 패스트푸드로만 인식되고 있는 건 너무 슬픈 일이다. 맥도날드 드라이브에 차가 줄지어 있는 모습을 보고 있으면 안타까웠다.

기억을 더듬어 보면 모든 것은 캐나다에서 시작되었다. 아니 뉴욕

이라고 해야 하나? 어쨌든 한국으로 돌아오기 전에 캐나다에서 만난 친구들과 떠난 뉴욕 여행에서 있었던 일이다. 말로만 듣던 센트럴 파크는 너무나도 여유로웠다. 야외에서 사람들이 식사를 즐기며 여유를 나누는 모습은 한국에서는 좀처럼 보기 힘든 경험이었다. 하필 그렇게 좋았던 날 공원에 있는 작은 식당이 햄버거를 팔았다. 햄버거가 좋았는지 그날의 분위기가 좋았는지 정확히 구분할 수는 없지만 좋았다, 그 날의 햄버거가.

그 다음으로 쉐이크쉑 버거를 가게 된 걸 보면 햄버거 집을 할 운명이었을까? 쉐이크쉑 버거가 세계적인 브랜드가 되기 전의 일이다. 미디엄 레어로 구워진 패티를 보면서 덜 익은 줄 알고 더 구워달라고 할 뻔했던 그 순간, 영어가 부담돼서 그냥 먹은 건 다행한 일이었다. 햄버거가 이렇게 맛있는 줄 처음 알게 해주었으니까.

햄버거는 상황에 따라 방향이 달라진다. 정크 푸드가 되기도 하고 좋은 재료를 사용하면 수제버거가 되기도 한다. 그렇지만 소비자는 정크푸드로 인식하고 있다. 이 인식을 제주 식재료를 이용한 버거로 다시 만들어 내고 싶다.

다행히도 그 이후 한국에서 수제버거 열풍이 불면서 질 좋은 버거 집이 많이 생겼다. 이렇게 맛있는 버거집이 많아질 줄 알았다면 난 다른 식당을 열었을까? 몇 번을 생각해봤지만, 결론은 '아니오'. 이 좋은 맛을 더 많은 사람이 느낀다면 더없이 좋은 일이다. 많은 사람

이 정말 맛있는 햄버거를 경험하고 행복했으면 좋겠다.

거기에 하나 더 더한다면 빵과 야채, 고기가 어우러지는 햄버거처럼 내 공간도 음식과 문화가 모두 어우러지길 희망한다. 밥 먹으러 오는 식당으로 끝나는 것이 아니라 그림과 시, 음악 등이 어우러져 나만의 공간의 새로운 문화, 새로운 식당의 형태를 만들어 찾는 이들에게 문화전도사 역할을 하고 싶다.

이런 생각은 모두 히말라야 때문이다! 히말라야에서 레몬차를 한잔 하며 맞이하는 아침의 여유가 너무 좋았다. 여행이 주는 설렘, 묘한 긴장감을 녹여주는 레몬차! 앞으로 내가 식당을 하게 된다면 사람이 여유를 느낄 수 있는 공간으로 만들겠다는 막연한 생각을 했던 시작이 아닌가 싶다.

햄버거와 함께 머무는 공간, 그래서 내 가게의 이름은 '버거스테이'다.

맛있는 햄버거를 먹고 일어나 새로운 곳을 떠나는 것이 아니라 옆 테이블과 자연스럽게 이야기도 나누는 공간. 식당 내부에 전시되어 있는 작품을 감상하며 마음의 따뜻함을 느끼는 공간. 삶의 여유를 느낄 수 있고 머무는 동안 행복함이 전해지는 공간. 마치 제주도와 같은 공간이 됐으면 좋겠다.

일회용품을 쓰지 않고 제주식재료를 사용하는 건강한 공간이 되고 싶다. 아직은 내 음식이 어떻게 완성될지 나 역시 궁금하다. 어떤 모습이 됐든 제주 한구석에서 열심히 조리하고 있을 미래의 나에게 응원을 보내고 싶다.

여러분! 2019년 9월 20일 세화에서, 버거스테이의 첫걸음을 시작합니다. 잘 부탁드립니다!

청년들은 슬프다. 한창 삶의 기쁨을 구가할 시기에 당면한 현실과 미래가 너무도 불투명하기 때문이다. 진태민도 그랬다. 순한 눈빛에 어디 한 구석 야망 같은 건 보이지 않아서 더 슬퍼 보였는지도 모르겠다. 버거를 만든다고 했을 때, 그의 설계는 어설펐고 희망이 너무 앞서 있었으며, 구체적이지 않았다. 아니, 그래서 그에게 더 기대를 걸어봤는지도 모르겠다. 안 가본 길을 간다는 사내에게 나는 마음을 빼앗겼다.

이 책은 아직 진행형인 고군분투기다. 응원하는 마음이 그의 등을 더 든든하게 밀어주게 될 것 같다. 잘 될까, 보다는 하고 싶어가 먼저였던 어느 청년 창업자의 무모한 도전기이기도 하다. 그래서 더 소중하다. 해봐! 힘껏 해봐!

나는 이 책이 성공기로 읽히지 않았으면 한다. 그런 교만도 다 뺐다. 가감없이 시대의 청년들에게 자기 이야기를 들려주고 싶었던 뜻을 읽는다. 그대로 그의 말을 듣는다. 아프고, 또 아프다. 그래도 우리에게 아직 희망은 있다는 것, 걷다가 어느 어두운 골목에서 빛을 발견하리라는 기대를 버리지 말아야 한다는 것, 방황은 여전히 유효한 방식이라는 것까지 우리는 그를 통해서 발견한다. 다행이다. 고맙다.

— 박찬일 (셰프)

버거스테이 사용 매뉴얼

맛있는 버거스테이

버거스테이의 메뉴는 2가지가 있다. 하나는 굿치즈버거라는 뜻의 굿즈버거, 또 하나는 풀드포크를 사용한 풀드버거다.

버거라고 하면 정크푸드라고 생각되는 고정관념을 깨뜨릴 수 있을 정도로 재료가 좋은 버거. 그리고 바비큐를 보여줄 수 있는 기본기가 튼튼한 버거. 이렇게 목표를 정하고 메뉴를 개발했다.

야채 없이 패티와 치즈만으로 구성된 버거는 재료가 단순하기 때문에 쉬워 보이지만 오히려 재료가 단순하기 때문에 기본기가 탄탄하지 않으면 맛있기 힘든 메뉴다. 신선함이 중요해서 재료수급도 까다롭지만 내가 그동안 생각해왔던 가장 기본적인 재료에 충실한 맛있는 버거를 만들기 위해 꼭 있어야 하는 메뉴였다.

여기에 미국식 장조림이라고도 불리는 풀드포크를 이용한 버거를 더한 이유는 바비큐의 맛을 느끼게 하고 싶었기 때문이다. 풀드포크는 낮은 온도에서 오랜 시간 구워내서 결대로 찢어질 정도로 부드럽게 익히는 바비큐 기법인데, 버거와 함께 바비큐의 낭만도 경험하면 좋겠다는 게 작은 욕심이었다.

거기에 큰 욕심을 하나 더했다. 바로 버거스테이에서 사용되는 모든 재료가 제주산이었으면 좋겠다는 것이었다. 지금 생각해보면 창업을 처음 해 본 입장에서 이상만 높았던 초보 사장의 무모한 욕심이었다.

창업은 의욕만으로 이뤄지지 않는다. 운영은 욕심만으로 완성되지 않는다. 그 땐 몰랐다. 처음엔 사람이 많이 찾지 않았고 재료를 다 소화할 수가 없었다. 제주산 고급 재료들이 매일같이 버려졌다. 정말 많이 버렸다. 적자의 폭이 너무 커서 버틸 수 없을 정도였다. 그래도 식재료를 구입하는 비용을 아끼진 않았다.

늘 최고로 신선한 야채와 좋은 부위의 고기를 구입했다. 점점 요령이 생겨서 버리는 부위가 줄었다. 어쩌다 한 번 온 손님이 맛있다고 해주시면 기분이 좋았다. 맛있다고 해주신 손님은 또 방문했다. 그때에는 친구들도 함께 있었다.

식재료에 대한 소신은 바꾸지 않은 것, 그것이 점점 더 많은 손님들을 찾게 한 원동력이라고 생각한다. 그런데 손님이 계속 방문하고 재료가 남지 않는 상황에서도 적자가 계속됐다. 원가율이 너무나도 높았다. 운영에 대해 깊이 생각하지 않고 가격을 책정한 것이 문제였다.

　적은 손님들이 찾는 세화 외진 곳에 고급재료로 버거를 만들면서 원가를 계산하지 않았다. 그냥 주변 버거집의 평균 금액에 맞추면 되겠거니 하고 생각했다. 처음의 적자는 재료를 버려서라고 생각했는데, 그게 아니었던 것이다.

　식당은 음식을 만드는 동안 전기료·수도세 등의 공과금, 세금, 재고관리비용 등 많은 비용이 발생한다. 음식을 만드는 것 외에도 매장 관리를 위한 소모품 비용, 인테리어 보수 및 수선 비용, 임대료 등 엄청난 비용이 든다. 대출을 하면 이자도 내야 한다. 이 모든 것을 간과했으니 운영이 잘 될 리가 없었다.

　판매를 아무리 해도 적자가 계속됐지만, 갑자기 가격을 올리는 건 쉽지 않았다. 버티는 시간이 계속됐다. 2021년 1월 1일 새해가 되어서야 겨우 가격을 인상할 수 있었다. 앞으로도 계속 최고의 재료로 버거를 만들기 위한 선택이었다.

함께 발전하는 버거스테이

버거스테이의 버거는 두 개에 불과하지만, 레시피를 완성하는 일은 생각보다 더 힘들었다. 부드럽고 촉촉하게 구워내는 것이 핵심이다. 특히 이 풀드포크가 생각대로 나오지 않아 골치였던 나는 내식당창업프로젝트의 멘토 셰프님이자 존경하는 박찬일 셰프님께 고민을 털어놓았다. 박찬일 셰프님은 단번에 좋은 선배님을 소개해 주시겠다고 했다. 마음만으로도 감사하다고 생각했는데 정말로 안성환 셰프님을 소개해주셨다!

마치 구원투수처럼 셰프님이 짠! 하고 나타난 상황에 놀랄 겨를도 없이 고민을 쏟아냈다. 다시 오지 않을 기회일 수도 있으니까! 하하! 그동안 구상했던 치즈버거와 풀드포크를 이용한 버거를 말씀드렸다. 셰프님께 고민을 이야기하고 다른 메뉴로 바꿔야 할지 자문을 구했다. 짜잔! 하고 수정된 레시피를 알려주실 줄 알았는데, 셰프님은 한 번 처음부터 같이 만들어보자고 제안해주셨다.

하나씩 함께 하면서 놓치고 있었던 재료의 소소한 비율, 사용하는 재료와 어우러지는 치즈 추천부터 소금 한 톨의 퀄리티를 높일 수 있는 제품 찾는 법까지 세세하게 디테일을 알려주셨는데, 그것만 바로잡아도 맛이 놀랄 만큼 좋아졌다. 음식은 정성이라는 사실을 왜 잊고 있었을까!

마음만 앞섰던 버거레시피를 탄탄히 할 수 있었던 것은 모두 안 셰프님 덕이다. 덕분에 무수히 실패했던 이유를 알 수 있었다. 하지만 다시 생각하면 그만큼 실패했기 때문에 셰프님의 가르침이 귀에 쏙쏙 들어올 수 있지 않았을까 싶기도 하다. 어쨌든 기회는 준비된 자의 몫이니까. 안 셰프님을 통해 나는 창업에 대해 절박하기만 할 뿐 모르는 것이 많았음을 깨달을 수 있었고 겸손해질 수 있었다. 그 이후로 다시 초심으로 돌아가 추천해주신 책도 읽고, 연계된 책들도 보면서 꾸준히 공부했다. 버거의 기본기가 탄탄해졌다면 모두 안 셰프님 덕이다.

안 셰프님은 제주도에서 버거집을 여는 만큼 제주도의 특산물을 이용한 버거를 만들면 어떻겠냐고 제안해주셨다. 요리를 보면 아이디어를 떠올리는 모습이 천상 요리사라는 생각이 들었다. 배울 점이라고 노트에 꼭꼭 적어놨다. 하하!

제주의 명물이라고 하면 손에 꼽기가 어려울 정도로 많겠지만 우리는 옥돔, 딱새우, 전복, 뿔소라 등의 소재를 이용해 다양하게 시도했다. 그러다가 전복 버거를 만들게 되었는데, 버거의 익숙한 맛이 아닌 와사비 향이 감돌면서 고소해 색다르고 재미있는 맛이었다. 호불호가 심하지 않을까 싶었는데 신기하게도 맛을 본 사람들이 모두 좋아했다.

1인 식당을 운영하다 보니 여력이 없어 지금은 못 만들지 있지만 기회가 되면 다시 만들어보고 싶다. 한 번 맛본 사람들이 종종 찾기 때문이다. 샐러드에 사이드메뉴 개발부터 끝내야겠지만! 하하

이 자리를 빌어서 박찬일 셰프님과 안성환 셰프님께 또다시 감사를 드리고 싶다. 감사는 평생 해도 부족할 것 같다. 창업을 준비하면서 감사한 사람들이 계속 생겼기 때문이다.

메뉴를 짠! 하고 만들면 끝일 줄 알았는데, 가게를 하려면 메뉴판도 만들어야 했다. 하하! 이 당연한 것을 왜 몰랐을까. 간판부터 테이

블, 의자, 하다못해 공간을 채울 작은 인테리어 소품까지!! 가게를 차린다는 것은 신경 쓸 문제가 정말 많은 일이었다. 부끄럽지만 사실 창업을 결정한 이후부터 오픈식 직전까지 난 주방기기를 어떤 것을 선택하고 포기해야 할지, 요리하는 동선은 어떻게 해야 효율적인지에 대해서만 고민했다. 정말 이제 와서 생각해보면 답

답할 정도로 아무것도 몰랐다. 그런데 마음만으로 창업했으니 지금 생각해도 부끄럽다.

그런 버거스테이를 채워준 것은 팔 할이 박태주 PM님이다. 박태주 PM은 앞서 얘기한 내식당창업프로젝트의 PM으로 프로젝트를 관리했던 분이다. 마케팅에 대한 기본부터 디자인까지 소소한 질문들에 대해 늘 친절하게 알려주셨고, 워낙 성격이 유쾌하고 즐거워서 덕분에 프로젝트 분위기가 더 좋았던 것 같기도 하다. 프로젝트가 끝난 이후에도 창업에 대해 끊임없이 물어보고 챙겨주셔서 감사했는데, 지금 생각해보면 정말 걱정의 표현이었을 것 같기도 하다.

박태주 PM 덕분에 로고부터 메뉴판까지 가게의 전반적인 디자인과 분위기를 만들 수 있었다. 자신이 할 수 있는 일은 직접 해주기도 하고, 어려운 일은 업체를 연결해주셔서 진행할 수 있었다. 메뉴를 찍어놓은 사진이 없었기 때문에 그림으로 메뉴판을 만들었는데, 메뉴가 한눈에 들어와서 좋다는 분들이 많았다. 아울러 영문이 들어있어서 외국인 분들도 편하게 볼 수 있었다.

창업 초기이다 보니 메뉴의 변동도 크고 수정 사항이 많았는데, 한 번도 불편한 내색을 보이지 않고 기분 좋게 들어주셨다. 아마도 박태주 PM이 없었다면 창문에 시트지로 영업시간을 알리는 스티커를 붙이는 것 등의 작업은 생각조차 하지 못했을 것이다.

메뉴명을 정하는 것부터 소소한 인테리어에 대한 조언을 아끼지 않고 사진부터 소품까지 챙겨준 내식당창업프로젝트 팀원들의 도움이 없었다면 역시 버거스테이는 완성되지 못했을 것이다. 나도 창업을 하는 사람이 주변에 생긴다면 기꺼이 도움을 주는 포장 용기 싶다. 모두와 함께 만들어간 버거스테이! 손님과 함께 발전하는 버거스테이! 얼마나 아름다운가!

환경은 현재에도 중요한 문제고 앞으로 더 중요해지겠지만, 제주도에서는 더더욱이나 심각한 이슈다. 거주자보다 관광객이 더 많은 상황에 제주도 쓰레기 처리량이 모자라도 한참 모자라기 때문이다. 세화 지역은 지역 특성상 거주자보다 관광객이 많기도 하고, 또 주변에 바다와 오름이 있어 테이크아웃도 많다.

그래서 테이크아웃할 때 텀블러를 가져오면 커피를 할인해주고 포장 용기를 가져오면 감자튀김을 서비스로 드리는 이벤트를 진행해왔다. 유산지로 포장하면 천원도 안 드는 포장인데, 3천원어치의 감자튀김을 서비스로 주는 일은 손해가 나도 한참 손해가 나는 일이 아닐 수 없다. 그러나 지금의 이익은 미래의 환경을 담보로 끌어쓰는 편리함이 아니던가.

말은 이렇게 하지만 역시 번거로운 일이 아닐 수 없다. 실제로 이벤트를 한다고 했을 때 누군가는 유난이라고 했다. 심지어 지나가던 어르신이 가게 하는 데 너무 힘들게 하는 것 아니냐며 버거 하나를 더 팔 생각을 하라고 진심어린 조언을 하기도 했다. 그래도 거주자분들이 포장 주문을 할 때마다 포장 용기 이벤트를 설명했다. 그러다 처음으로 포장 용기를 가져오는 분이 있었을 때의 감동이란!

지금 사용하는 버거 박스는 평소 존경하던 카카오패밀리가 단체 주문을 신청하면서부터 시작됐다. 첫 단체주문이라 신나기도 했지만 한 번에 그렇게 많이 만들어본 적이 없던 터라 부담스럽기도 했다. 무엇보다 지역에서 문화사업을 비롯해 의미 있는 일을 실행하는 카카오패밀리의 주문인 만큼 나 역시 의미 있는 모습을 보여주고 싶었다. 테이크아웃 전용 용기로 배달하자! 하고 생각한 것이 버거 박스 렌트 서비스의 시작이다.

매장에서 포장 용기 이벤트 문구를 보고 "이런 이벤트가 있는 줄 알았으면 용기 가져올걸!"하고 아쉬워하시는 분들이 있을 때마다 렌트 서비스를 할까 생각하긴 했었다. 다만 그 수가 많지 않았고, 내 입장에서는 설거지부터 관리까지 번거로운 일이 많아 용기가 나지 않던 차였다. 바로 주문했다. 카카오패밀리 단체주문에 일회용품 없이 버거를 가져갈 수 있는 버거스테이 전용 테이크아웃 용기, 버거 박스! 조금의 번거로움은 감수하지, 뭐! 지금은 초기라 번거로움을 감수하는 소비자에게 감자튀김을 서비스로 드리고 있다. 하지만 시간이 지나면 꼭 서비스 때문이 아니라도 환경을 위해 스스로 전용 용기를 사용하는 소비자가 되었으면 좋겠다.

아무도 알아주지 않는데 혼자 별종으로 사는 건 아닐까 싶기도 했는데 최근 '용기내챌린지'라는 이벤트를 알게 되었다. 마트에 장을 보러 가거나 음식을 구입할 때 집에 있는 용기를 가져가 담아오는 이벤트라는데 하늘 아래 나와 같은 생각을 하는 사람이 존재한다는 사실을 알게 되는 것만으로도 얼마나 힘이 되고 든든했는지 모른다. 응원해 주시는 분들이 있을 때마다 또 기운이 나고.

실제로 일회용품을 사용하지 않는 일은 판매자와 구매자 모두에게 정말 용기가 필요한 일이다. 우선 판매자는 익숙한 규격의 일회용품 대신 다양한 구매자의 용기에 맞춰 세팅을 해야 하는 번거로움을 감당해야 한다. 하지만 이런 번거로움은 그 눈치와 어색함을 견뎌야 하는 소비자에 비하면 아무것도 아닐지도 모른다. 환경을 생각하면서 매력적이고 편리할 순 없을까? 버거스테이에서 계속될 고민이다.

올해에는 또 다른 도전을 시작했다. 바로 지구별 약수터. 제주시에서 진행하는 문화 활동인데, 가게에 텀블러를 가져오면 물을 담아주는 약수터가 되는 것이다. 뜻이 있는 가게들은 지구별 약수터 페이스북이나 인스타그램을 통해 약수터가 되겠다고 신청하면 되는데, 엄청나게 사용되는 생수병을 줄이자는 취지로 만들어진 단체라고 한다. 여기에 버거스테이도 약수터의 일원으로 참여하게 되었다.

여러분~ 제주에 오시면 꼭 버거를 드시지 않아도 좋으니 생수병에 담긴 물 사지 말고 텀블러만 들고 오세요! 버거스테이에서 시원한 물 가득가득 채워드릴게요! 물론 버거도 드시면 좋고요! 하하!

테이크아웃할 용기는 꼭 가져오시고요~! 없으면 버거스테이에비치한 버거 박스를 찾아주세요!

# 모두가 즐거운 버거스테이

버거스테이라는 이름을 지을 때에는 버거만큼이나 스테이도 중요하다고 생각했다. 여행을 하면서 내게 안정을 주었던 많은 공간들처럼 이 곳 역시 손님들에게 편안한 기분을 주게 하고 싶었다.

하지만 워낙 성격이 내성적이어서 쉽게 되진 않았다. 별관의 공간도 밋업 공간으로 사용하고, 인터넷이나 영화도 편하게 보게 하고 싶었는데 마음만 있었을 뿐 뭔가 행동한 것들이 많지 않아 아쉽다.

무언가 책임감을 느끼면 하지 않을까 싶어 제주지역의 공공기관에 문화동아리 지원사업이 있으면 지원을 했다. 낙방 소식이 계속됐지만 포기하지 않고 또 지원했다. 몇 번의 지원 끝에 처음으로 '선정' 소식을 들었을 때 얼마나 기뻤는지 모른다. 지원받는 금액보다 쓴 금액이 많을지도 모르지만 만약 선정되지 않았다면 모임을 했을까?

음식에 관련된 영화만 보고 포틀럭으로 모이는 세화 지역의 영화 모임이 시작되었다. 로컬푸드나 마을 커뮤니티에 대한 이야기를 끌어낼 수 있는 영화들로 선정했다. 리틀 포레스트 한국판을 시작으로 카모메 식당, 아메리칸 셰프, 찰리와 초콜릿 공장 등의 영화를 보았다. 사람들이 과연 올까 걱정했는데, 참여자들이 가져온 음식으로 테이블이 가득 채워졌다. 세화에 이렇게 많은 사람이 모인 건 처음 봤다며 감격하는 주민도 있었다.

첫 영화인 리틀 포레스트 모임은 정말 긴장이 많이 됐다. 모임을 주체적으로 진행해 본 경험이 많지 않았기 때문이다. 영화의 주제는 슬로우 푸드라는 개념을 더한 "우리는 무엇을 먹어야 할까?"로 정했다. 로컬푸드를 자연스럽게 소개할 수 있으면 좋지 않을까? 하는 생각을 하다가 영화에서 김태리 배우가 맛있게 먹던 감자빵이 눈에 들어왔다. 마침 햇감자가 나오는 계절이었다.

감자빵을 버거의 번으로 재해석해 만들었다. 버거스테이에서 사용하는 번은 버터를 많이 사용하는 브리오슈 번이라 감자번을 만들어 본 경험은 없었다. 그럼에도 불구하고 감자빵에 도전한 이유는 역시 첫 모임인 만큼 잘 해야 한다는 부담감 때문이었을 것이다. 그런데 결과적으로는! 너무 반응이 좋아서 매회 메뉴를 만들지 않을 수 없게 되었다.

덕분에 영화 모임의 분위기도 더 좋아졌는지도 모르겠다. 모임마다 마치 음식 콘테스트라도 열린 것처럼 신기한 제주 음식과 재미있는 요리들이 소개됐다. 호스트로서 나 역시 메뉴를 신경써서 준

비했다. 카모메 식당 편에서는 주인공과 친구들이 연어를 보며 일본을 떠올리듯, 제주를 떠올릴 수 있는 생선으로 '옥돔'을 생각해 옥돔 무조림을 만들었고, 아메리칸 셰프를 함께 볼 때에는 비비큐를 하며 이야기를 나눴다.

마지막 모임의 영화는 〈찰리와 초콜릿 공장 - 진짜 초콜릿과 가짜 초콜릿〉으로 정했다. 카카오 열매로 만드는 초콜릿이 자본주의를 만나면서 어떻게 변화했는지를 이야기하면서 진짜 음식에 대해서도 이야기하고 싶었지만, 사실 목적은 따로 있었다. 많은 사람들에게 세화에서 진짜 초콜릿을 만드는 카카오패밀리라는 회사를 소개하고 싶었던 것이다.

물론, 이미 소개할 필요도 없이 유명한, 제주를 대표하는 기업이
지만 혹시 아직 못 들어본 사람들을 위해 소개하자면 카카오패밀리
는 카카오를 과테말라에서 직접 들여와 카카오닙스와 수제 캐러멜
등 직접 가공한 진짜 초콜릿을 만드는 곳이다. 그래서 카카오패밀리
에 가면 진한 '진짜 초콜릿'을 만날 수 있다.

세화의 사람들이 만날 수 있는 기회가 많아지고, 함께 이야기 하
면서 즐거운 마을 문화가 만들어지는 순간을 꿈꾼다. 꼭 버거스테
이만이 아니라 주변의 맛있는 다른 식당들도 함께 성장하고, 같이
성공을 나누는 커뮤니티가 만들어졌으면 좋겠다. 이런 이야기를 하
면서 카카오 패밀리 대표님께 혹시 영화 모임에 참석해주실 수 있
는지 물어봤는데 흔쾌히 참석해주셨다. 덕분에 더 풍성한 이야기를
나눌 수 있는 모임이 되었다.

영화모임을 하는 동안 포털 사이트에서도 소개가 되었고 지역 신
문에도 나왔다. 겨울이 지나면 다시 만나자고 인사했지만 아쉽게도
아직까지도 시즌오프 상태다. 코로나로 인해 의기소침하기도 했지
만, 또 감사하게도 버거스테이가 바빠지면서 시간도 부족해진 탓이
기도 하다. 그래도 언젠가 다시 모일 그날을 꿈꾼다.

- 5월 30일 8PM -

리틀포레스트
X 슬로우푸드

모닥불 앞에서 이야기하는 첫 모임 영화!
"우리는 무엇을 먹어야 할까?" - 리틀포레스트

주최·주관 : 공공의 놀이터 Empty Ground / 후원 : 제주문화예술재단

- 9월 26일 8PM -

몸을 죽이는 자본의 밥상
X 건강한 육식

살기 위해 먹는가, 죽기 위해 먹는가!
"우리는 잘 먹고 있는걸까?" - 몸을 죽이는 자본의 밥상

주최·주관 : 공공의 놀이터 Empty Ground / 후원 : 제주문화예술재단

ER AND MILLE

- 7월 25일 8PM -

아메리칸 셰프
X 자본주의와 진짜 나의 꿈

하고 싶은 걸 하면서 먹고 살 수 있을까?
"우리는 어떻게 살아야 할까?" - 아메리칸 셰프

주최·주관: 공공의 놀이터 Empty Ground / 후원: 제주문화예술재단

- 8월 29일 8PM -

찰리와 초콜릿 공장
X 진짜 초콜릿 vs 가짜 초콜릿

초콜릿의 달콤쌉싸름한 진실?!
"우리가 먹는 게 진짜일까?" - 찰리와 초콜릿 공장

주최·주관: 공공의 놀이터 Empty Ground / 후원: 제주문화예술재단

- 6월 27일 8PM -

카모메식당
X 동네커뮤니티

동네 식당에 가봤니?
"우리는 누구와 살아야 할까?" - 카모메식당

주최·주관: 공공의 놀이터 Empty Ground / 후원: 제주문화예술재단

나는 가끔 '또 어디 새로운 곳 생겼나~' 하며 자동차로 동네를 돈다.

그러다 끼익 브레이크를 밟았다.

"버거? 우리 동네에? 그것도 이 자리에?"

여러차례 주인이 바뀐 곳이라는 것을 너무나도 잘 아는 곳이기에 걱정부 터 앞섰다.

하지만 버거스테이의 버거를 처음 맛본 후 걱정은 커녕 온 동네방네 소문 내고 다닌다.

좋은 재료로 맛있게 만들어내는 사장님곁에 입소문 내주는 이웃이 되고싶 어진 것이다.

그래야 내가 맛있는 버거를 세화에서 오래오래 더 먹을수 있을테니 말이다.

- 김정아 (카카오패밀리 콩장)

세화에서
수제버거 가게로
살아남기

2019년 9월 20일에 시작했으니 어느새 2년을 향해간다. 1년 동안 앞만 바라보며 달리는 초보운전자였다면 이제는 주변도 둘러봐야 할 시점이 아닐까. 버거스테이의 과거를 돌아보고, 바랐던 미래를 다시금 상기 시켜 본다.

비록 지금은 번 돈보다 빚이 더 많은 현실이지만 버거스테이를 시작한 데 후회는 없다. 다시 또 돌아가더라도 같은 선택을 할 것이다. 하지만 미리 알았다면 좋았을 고민하지 않았을 문제들을 누군가와는 이야기 나눠보고 싶었다. 혹시라도 제주도에서 창업을 꿈꾸는 사람들이 이 글을 보고 도움이 된다면 좋겠다.

우선 창업 전에 주방의 장비를 잘 구매해야 한다는 사실을 간과했다. 창업이 임박해서야 잘 모르는 분야의 장비를 검색하고 규격을 고려해 배치했다. 최선을 다해 결정했지만, 창업의 경험이 없는 내가 상상 속에서 만들어낸 동선이 효율적일 리가 없었다. 패티를 굽는 그리들의 높이는 가슴에 닿아 팔이 아팠고, 주방은 4명이 작업해도 좋을 만큼 넓어 뛰어다니기 바빴다. 1년 동안 동선을 줄이고 작

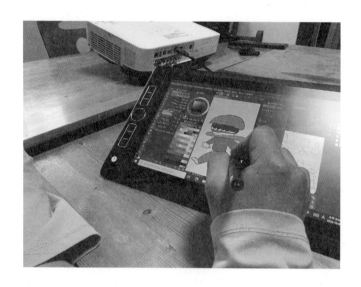

업의 효율성을 더할 수 있도록 바꾸고 또 바꿨다. 창업하기 전에 주방 기구와 동선에 대해 충분히 고민했으면 좋겠다.

개업식에도 시행착오는 계속됐다. 주변에 개업식을 한다고 말해 놓긴 했지만 "시골 마을 작은 공간에 연 버거집을 누가 알겠어?"라고 가볍게 생각했다. 여유롭게 준비한다고 50인분을 준비했는데, 만들다 보니 45인분이 준비되었다. 그나마도 영업하면서 천천히 완성하면 되지 않을까 하는 생각에 밑 작업도 남겨놓은 상태였다.

그런데 생각 외로 엄청난 사람들이 왔다. 익숙하지 않은 상태에서 정신없이 만들다 보니 음식의 질은 떨어지기 시작했다. 설상가상으로 오후가 되어 지인이 방문했을 땐 제공할 수 있는 버거가 없어 빈손으로 돌려보낼 수밖에 없었다. 설사 버려지더라도 오픈하는 날에는 생각보다 더 많은 음식을 준비해야 미안한 상황이 벌어지지 않을 것이다.

일은 생각보다 더 힘들다. 음식점 일을 해봤다는 것이 창업의 경험이 되진 않는다. 아직 효율적이지 못한 주방에서 익숙하지 않은 메뉴를 완성하며 요리부터 서빙까지 혼자 해낸다는 것은 보통 일이 아니다. 한참 요리를 하다가 새로운 손님이 오면 허둥지둥하게 되고 음식의 완성도도 떨어진다. 내가 포용할 수 있는 양에 대해 엄격한 파악이 필요한 것이다.

버거스테이는 오픈 초 기대 이상으로 많은 사람이 찾아주었다. 감사함보다 먼저 체력 소진이 찾아왔다. 오픈한지 일주일도 되지 않아 임시휴무를 할 수 밖에 없었다. 만용이었다. 일주일 동안의 임시휴무를 마치고 돌아온 후 손님 한 명 없는 긴 겨울을 마주하게 될 줄 모른 채.

차라리 정신없는 개업식이 좋았다고 후회해봤자 기차는 떠난 후였다. 처음에는 갑자기 뚝 끊긴 발걸음을 현실로 인정하고 싶지가 않았다. 정성스럽게 손질한 재료들은 계속해서 음식물 쓰레기가 되

었다. 이것 역시 지금 생각하면 아쉬운 일이다. 늘 '손님이 왜 안 올까?'를 생각할 뿐, '어떻게 하면 손님을 오게 할 수 있을까?'를 생각하진 않았기 때문이다. 만약 더 적극적으로 행동했다면 조금은 빨리 따뜻한 봄을 맞이하지 않았을까?

11월 이벤트를 해볼까? 크리스마스이브에 스페셜 요리를 만들어볼까? 하는 생각을 하면서도 결국 행동으로 옮기지 못했다. 가끔 오는 지인들은 걱정스러운 눈빛으로 돌아갔다. 그나마 위안이 되는 건

버거를 먹은 사람들이 좋은 평을 남겨준다는 것이었다. 재방문하는 고객들이 생겼고, 조금씩 입소문도 났다. 이제 좀 사람들이 오는구나! 하고 기대하게 되었을 때 코로나가 시작됐다.

위기는 누구에게나 온다. 그리고 예상치 못한 위기는 더 큰 타격을 준다. 그런데 돌이켜보면 코로나가 나쁜 일만 가져온 건 아니다. 매출이 조금씩 늘어나고 있긴 했지만, 여전히 적자였고, 오랫동안 적자로 운영하면서 받을 수 있는 대출을 모두 받은 상태였는데, 소상공인을 위한 코로나 특별대출이 시작된 것이다. 그것도 낮은 이율로!

박찬일 셰프님의 광화문 몽로에서 스타쥬(일정기간 동안 레스토랑에서 근무하며 현장을 공부하는 것)를 할 수 있는 기회가 생겼을 때 과감하게 매장 운영을 멈추고 서울로 향할 수 있었던 것도 코로나 덕분이다. 그렇다고 코로나가 와서 다행이라거나 코로나 덕분에 좋은 일이 생겼다는 뜻은 아니다. 다만, 예상치 못한 위기가 닥쳐왔을 때, 상심만 하고 있진 말라는 말이다. 내가 이런 말을 하게 될 줄은 몰랐다. 나 역시 코로나가 왔을 때 왜 나에게 이런 일이 생기나 절망하고, 신을 원망했으니까. 하지만 돌이켜보면 위기는 늘 기회였다.

 코로나와 함께, 함께 한 사람들

코로나로 세계가 멈춘 지금, 세화에 있는 작은 수제버거 가게에서 할 수 있는 일이 무엇일까를 생각했다. 버거스테이라는 이름처럼 버거라는 음식의 퀄리티를 높이고, 스테이할 수 있는 계기를 만들어야 한다고 생각했다.

조금씩 천천히 자리를 잡아가면서 매출도 꾸준히 올랐다. 최고 매출도 갱신했다. 여기서 또 실수했다. 밀려오는 주문에 취해 내가 포용할 수 있는 양에 대해 명확한 판단을 해야 한다는 사실을 또 망각한 것이다. 새벽에 퇴근하는 일이 계속됐고 체력이 저하됐다. 몸은 피곤한데 수익은 나지 않는 상황에서 도망치고 싶은 마음만 들었다. 그때 르 에스까르고 사장님이 없었다면 어떻게 됐을까?

르 에스까르고는 제주도에서 내가 가장 좋아하는 빵집이다. 제주도에는 워낙 유명한 빵집이 많지만, 이 곳을 늘 최고라고 생각했다. 그래서 버거스테이를 시작할 때 무턱대고 찾아가서 번 만드는 법을 알려달라고 그야말로 땡깡을 부렸다. 번을 만들다가 마음대로 안 되는 날이면 또 찾아가고 찾아갔으니 은근 골칫덩이였을 것이다.

영업을 시작하고 나서는 제스코에서 종종 만났다. 제스코는 제주도에서 식당을 하는 사람들이 음식 재료를 찾기 위해 찾는 대형 식자재 할인마트이기 때문이다. 잠깐의 시간이었지만 빵에 관해 이야기도 하고 장사에 대한 고민도 나누는 시간이 되었다. 사장님도 1인 매장을 운영하고 있었기 때문에 들을 얘기가 많았다. 나 혼자 시간 가는 줄 모르고 이야기하다가 오픈 시간에 쫓겨 헤어지기 일쑤였다.

아마도 그때쯤이었을 것이다. 온몸에 피곤함이 묻어나던 그때, 우연히 르 에스까르고 사장님을 만났다. 그전에도 몇 번 만나 빵에 대해 이야기도 하고 장사에 대한 고민도 나누긴 했었다. 나를 본 사장님이 갑작스럽게 버거스테이에서 이벤트를 하면 어떻겠냐고 물었다. 바로 르 에스까르고의 빵으로 번을 만들어 재미있는 버거를 만들어 보자는 것이다. 평소 같았으면 얼씨구나 했을 제안이었지만 그때는 의욕이 나지 않았다. 그럼에도 불구하고 존경하는 선배님이 제안한 기회를 놓치고 싶지도 않았다.

그렇게 힘들게 힘들게 억지로 해낸 이 이벤트를 통해 정말 많은 걸 배웠다. 이벤트를 핑계로 버거스테이에 방문해주신 르 에스까르고 사장님은 주방 동선을 바꿔주고 현실적인 조언을 많이 해주셨다. 무엇보다 이해받는다는 느낌이 주는 위로가 컸다. 나는 실제로 음식 장사가 이렇게 힘든 일인지 몰랐다. 손님은 내가 원하는 시간에 오지 않는다. 기다림의 연속일 뿐이다. 한가하면 정신력으로 이

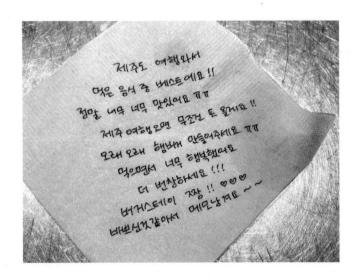

제주도 여행와서
먹은 음식 중 베스트에요 !!
정말 너무 너무 맛있어요 ㄲㄲ
제주 여행오면 무조건 또 올께요 !!
오래 오래 햄버거 만들어주세요 ㄲㄲ
먹으면서 너무 행복했어요
더 번창하세요 !!!
버거스테이 짱 !! ♡♡♡
바쁘신것같아서 메모남겨요 ~

겨내야 하고 바쁘면 체력이 소진된다. 주방은 닦고, 썰고, 씻고 등등 쉴 틈 없이 할 일이 생겨난다. 버거스테이에 방문한 사장님은 "도망 가고 싶었을 텐데, 정말 잘 해냈다"고 말씀해주셨다. 아마도 그 말을 해주시려고 오신게 아닐까.

# 꼬꼬마 사장에서 꼬마 사장으로

책임감이 없는 학생이었다. 숙제하기 싫으면 안 하고, 학교에 가기 싫으면 가지 않았다. 쉽게 떠나고, 쉽게 접고, 마음대로 행동했다. 사고를 치면 늘 가족이 도와주었다.

늘 무모했다. 어린 시절 자전거를 타고 비탈길을 내려오다가 도로에 뛰어든 적도 있었고, "몸으로 때우면 되지, 뭐!" 하는 생각으로 돈도 없이 히말라야를 향하기도 했다. 그렇게 무모한 도전이 버거스테이 창업으로 이어졌다. 지금 생각하면 정말 무모했다.

오픈 초에는 정말 절망적인 시간의 연속이었다. 빚은 늘어나고, 손님은 없었다. 어느 날 문득 졸고 있는 내 모습을 발견했다. 한심했다. 하루에 오는 손님은 손에 꼽았고, 10만원만 벌어도 성공이라는 생각이 들면서 내가 뭘 하고 있는지 회의감이 들었다. 가게에 지인이 올 때마다 텅 빈 매장이 너무 부끄러웠다.

적자는 계속되는데 계획에 없던 비용은 계속 발생했다. 3번의 태풍을 맞았고 바닥이 침수되었다. 최근에는 환풍기가 기름을 빨아들이지 못해 교체했다. 생각지도 못한 세금이 청구됐고, 매장은 끊임없는 보수가 필요했다.

혼자서 가게를 하다 보면, 일이 생길 때마다 가게 문을 닫을 생각을 하기 쉽다. 처음에는 나 역시 잠시 자리를 비우고 일정을 처리하기도 했다. 그런데 꼭, 잠시 자리를 비울 때마다 손님이 왔다. 항상 약속된 시간에 문이 열려 있고, 청소가 되어 있고, 재료가 준비되어 있어야 손님이 온다는 것을 몸으로 느꼈다.

장사가 잘되든 되지 않든 쉬지 않고 매일 가게를 열었기 때문이라고 생각한다. 한 번 찾아온 손님이 되돌아가지 않도록 늘 충분한 재료를 준비했다. 어느새 돌아보니 오늘의 버거스테이가 되었다. 일 매출도 평균을 유지하고 있고, 두 명의 직원도 고용했다. 그러면서 배웠다. 지금의 노력이 보상으로 돌아오는 데에는 시간이 걸린다는 것을. 장사하기 전 냉정하게 나의 능력을 되돌아봐야 한다는 것을.

창업은 나에게 오늘 버는 게 없으면 살 수 없다는 사실과 책임감의 무게를 알려주었다. 이제는 가족에게 어려움이 생기면 되돌려주고 싶다는 생각이 드는 것도 창업이 준 가르침이다. 물론 이글을 마무리 짓는 이 순간에도 내가 할 수 있는 것은 무엇일까에 대한 고민의 연속이겠지만.

버거스테이의 오늘, 그리고 내일

버거스테이의 리뷰를 보면 '괌에서 먹었던 버거 생각이 나요', '하와이에서 먹었던 햄버거보다 맛있어요'라는 내용이 있다. 맛있는 햄버거를 먹으면서 여행의 추억을 떠올릴 수 있다니 얼마나 좋은 일인가!

버거스테이를 찾는 그룹은 '버거를 좋아하는 사람'과 '특별한 식사를 하러 오는 사람'으로 나뉠 수 있다. 이 중 두 번째 그룹의 비중을 높이고 싶다. 버거스테이에 오면 즐거운 식사를 경험할 수 있었으면 좋겠다. 행복한 추억을 떠올릴 수 있었으면 좋겠다.

초반에 손님이 없을 때 재료를 많이 버리면서도 식재료에 대한 소신을 바꾸지 않은 것은 정말 잘했다는 생각이 든다. 그때도 지금도 높은 원가율에 대해 걱정하는 지인들이 많다. 실제로 제주산 재료를 포기하면 가격도 낮출 수 있고, 원가율도 좋아진다.

"가격에 비해 맛이 평범하다"라는 리뷰를 볼 때마다 "재료가 정말 좋아요!"라고 외치고 싶지만, 그것 역시 내 숙제일 뿐이다. 가격에 대한 불만을 상쇄할 수 있는 메뉴와 구성을 만들고, 한 단계 더 올라갈 시기가 아닌가 싶다.

그러기 위해서는 메뉴 개발이 필요한데 잘 안 된다. 메뉴 개발을 하지 않는 것은 아닌데, 지지부진한 상태가 너무 답답할 뿐이다. 주변에서 메뉴에 대한 아이디어도 많이 주지만 실천하지 않고 있다. 실천하지 않는 이유는 뭘까.

버거스테이의 영업시간은 오전 11시 30분부터 오후 9시까지이지만, 오전 7시에 일어나서 출근해야 오전 준비를 마칠 수 있다. 야외 테이블을 세팅하고 청소를 마친 후 음악을 재생하고 테이블의 소스를 확인한 후 굿즈버거 패티를 손질하기 위해 덩어리 고기를 깍뚝 썰어 갈아 놓아야 한다. 어제 저녁에 재워둔 풀드 고기를 오븐에 넣는다.

그다음엔 굿즈버거와 풀드버거의 소스를 만든다. 소스를 만든 후에는 본격적으로 야채를 다듬는 시간이다. 양파링을 위한 양파와 버거에 들어가는 양파를 구별해 썰고 루꼴라를 씻는다. 양파 튀김의 반죽을 만들면 직원이 출근한다.

직원과 함께 튀김기를 청소하고 홀과 화장실을 청소하면 어느새 영업을 시작해야 할 시간이다. '배달의 민족' 알람이 울리고 손님이 들어온다. 주문이 들어오면 포크와 나이프를 담은 쟁반을 세팅하고 패티굽기를 시작으로 버거를 만들기 시작한다. 감자와 양파를 분리해서 튀겨야 하고, 전화주문과 홀 주문을 소화하면서 '배달의 민족' 배달도 가야 한다.

브레이크타임이 되면 본격적으로 저녁 영업을 준비해야 한다. 가볍게 점심을 먹고 오븐에 조리한 풀드포크를 찢어 놓는다. 동시에 내일의 풀드포크를 위해 제주산 돼지 앞다릿살의 막과 핏줄을 제거하고 시즈닝을 해서 냉장고에 재워둔다. 영업이 끝나면 불판을 닦고 설거지와 바닥 청소를 한 후 음료 냉장고에 음료를 채워놓는다.

퇴근해서 집에 도착하면 늘 10시가 넘어 있다. 씻고 개인적인 일을 하다 잠이 든다. 베개 옆에는 7-8권의 책이 있지만 한 장도 펴보지 못 한 지 오래다. 주 6일을 13-14시간씩 근무한다. 작업의 효율성을 높이든, 조금 더 부지런히 일하든, 무언가 문제를 해결해야 하는데 아직 어떻게 할 수 있을지 보이지가 않는다.

첫 창업은 무모했다. 하고 싶은 것만 하려고 했다. 현실적이지 못했다는 뜻이다. 지역에서 나는 식재료를 이용하고 손님과 함께 문화를 만들어가며 환경을 생각하는 가게가 되고 싶다고 생각하고 지키려고 노력하고 있지만, 가게의 운영과 별도로 생각하지 않았나 싶다. 어쨌든 식당이라는 것은 매출이 있어야 하고 수익이 있어야 운

영될 수 있는데 말이다.

지금의 목표를 묻는다면 버거스테이의 2호점을 안정적으로 오픈하는 것이다. 안정적 오픈이라는 말은 오픈을 위해 얼마가 들어가야하는지, 하루 매출은 얼마나 나와야 하는지, 회수는 언제 가능한지, 인력은 얼마나 투입해야 하는지를 계산할 수 있고, 대비하는 상태로 오픈한다는 말이다. 사업가로 성장하고 싶다는 뜻이다.

2호점은 버거스테이의 철학이 함께 하면서도 기업의 역할도 할 수 있었으면 좋겠다. 그러기 위해서는 준비해야 할 것이 많을 것이다. 기본적으로 요리 실력도 업그레이드를 시켜야 하고 메뉴의 구성도 다양하게 만들어야 하며 인력 구성도 탄탄해야 하고 무엇보다 브랜드의 가치도 형성돼야 한다. 그렇게 사업가로서 성장해서 언젠가는 제주와 서울, 여수에 매장을 만들고 삶을 여행처럼 누렸으면 좋겠다.

그때를 위해서 지금은 할 수 있는 최선을 다할 것이다. 내일도 변함없이 가게 문을 열고 신선한 재료로 손님을 맞이할 준비를 할 것이다. 내일도 멋진 요리사가 되는 노력을 멈추지 않을 것이다. 그리고 동시에 멋진 사장님도 될 것이다. 아울러 도움이 필요한 후배 요리사들에게 달려갈 것이다. 내 선배님들이 그러했듯이.

가슴 속에 담아 두었던 감사 편지

이 글은 2019년 7월 11일 처음 브런치를 시작하면서 쓴 글이다. 글을 쓸 때에는 버거스테이를 열기 전이었는데 어느새 버거스테이를 시작한지 2년이 되었다. 정말 시간이 빠른 것 같다.

처음 이 글을 쓸 때에는 막연하고 불안한 마음을 어떻게든 정리해야겠다는 생각이었는데, 글을 쓰면서 정말 많은 도움을 받았다. 우선 생각을 정리할 수 있는 시간이 되었고, 창업을 준비한다는 사실을 알게 된 주변의 많은 사람들이 조언을 해주었다. 또한 불안한 현실이었지만 글을 통해 내가 왜 식당 창업을 하고 싶었는지에 대한 생각을 계속 되새기면서 결국 창업까지 올 수 있었다.

이 글은 결국 창업에 대한 기록이자 감사한 사람들에 대한 마음을 담은 편지가 될 것이다. 그리고 본문에서 미처 거론하지 못했지만 내식당창업프로젝트 팀원들에 대한 감사의 인사도 빼놓을 수 없을 것이다. 버거스테이라는 이름을 정해준 정현 형, 오픈 전까지 응원하고 힘을 합쳐준 은희 누나, 유형 누나, 지선 누나, 지혜 누나, 은남이, 승현이. 이 사람들이 없었다면 버거스테이는 시작할 수 없었을 것이다.

'저 이제 택시 타고 서귀포 가요.' 서울에서 서귀포 일정을 위해 제주에 방문한 오요리 아시아 대표님이 나가면서 하신 말씀이다. 짧은 일정 속에서 무려 3시간 이동시간을 버거스테이에 기부한 셈이다. 매장을 운영하면서 어려운 일이 생길 때마다 어떻게 아셨는지 전화를 주시고 노하우나 해결방안에 대한 조언을 해주시는 것도 대표님이다. 이지혜 대표님이 계시지 않았더라면 창업에 관한 모든 과정을 경험해보지 못했을 것이다. 이 자리를 빌어 감사의 인사를 전하고 싶다.

로고와 엽서를 만들어준 나연 누나에게도 감사의 인사를 전하고 싶다. 버거스테이의 정체성을 더 명확하게 만들어주었고 귀여운 버거 그림이 실제 버거와 똑같아 손님이 알아보기 좋았다!

그리고 이 책을 내기까지는 내식당창업프로젝트의 MVP이자 조원들에겐 요술콩으로 불리는 지선 누나의 도움이 컸다. 내식당창업프로젝트의 마지막 발표를 시작으로 버거스테이를 만드는 과정에서 지선 누나의 조언과 아이디어가 미치지 않은 곳이 없다고 해도 과언이 아니다. 무엇보다 나에게 글을 쓰는 취미가 있다는 사실을 알고 나서 창업에 대한 기록을 해보라고 했던 제안으로부터 이 책이 시작되었으니 말이다.

혼자 보는 일기를 쓰는 데에만 익숙했던 나에게 이 글은 생각보다 어려웠다. 오랜 시간 동안 기획하고, 목차를 정하는데 많은 에너지를 쏟았다. 마음에 들지 않는 결과에 포기하고 싶을 때마다 한걸음씩 올라가는 법을 알려준 것도 지선 누나다. 그리고 브런치에 올라온 글을 읽어주신 많은 분들 덕분에 이 책이 결과로 나올 수 있었다.

나는 정말 복이 많은 사람이다. 어떻게 이 빚을 다 갚을 수 있을까. 아마도 어려울 것이다. 다만 지금부터라도 도움이 필요한 사람들에게 내 힘을 나누면서 조금씩 그 빚을 갚아나가고 싶다.

제주 스퀘어
인터뷰

친절한 버거스테이 - 문미희

물론 기름지고 묵직하다고 느끼는 경우가 대부분이겠지만 맛과 양, 가격과 분위기 등을 고려한다면 이만한 메뉴도 없다.

비록 양손이 지저분해질지언정 가지런히 들고 먹어야 비로소 자유분방함과 여유가 느껴지는 유일무이한 매력의 메뉴이기도.

다양한 매력으로 사랑 받고 있는 수제버거 맛집을 소개한다.

매장에서 모든 재료를 준비하고 주문 즉시 만드는 곳. 미국식 정통 버거의 기본을 지키기 위해 그들이 하는 노력은 참으로 대단하다.

세화하면 가장 먼저 떠오르는 건 아무래도 맑고 투명하고 고운 세화씨(sea), 젊은이들과 관광객들이 많이 찾는 곳답게 개성과 감성 넘치는 카페와 음식점들이 가득한.

한때 빨리 배를 채울 수 있는 패스트푸드의 대표로 손꼽히던 햄버거가 진정한 요리로 인정받은 것을 넘어서서 웬만한 고급 요리와 견주는 수준에 이르렀다.

비주얼부터 색다른 수제버거는 SNS에서 '먹부심'의 대표 음식으로 자리 잡았다. 흘러내릴 것만 같은 고기의 진한 육즙과 길게 늘어져 있는 노오란 치즈, 싱그러운 토마토와 양상추의 앙상블은 그야말로 환상이다. 보기만 해도 군침이 도는 비주얼에 너도나도 SNS에 올려 오늘 먹은 수제버거를 자랑하기 바쁘다. 그 맛은 어떠랴. 있는 대로 입을 크게 벌려 한입 베어무는 순간, 입꼬리가 살짝 아파도 입안은 즐거움으로 가득하다. 한때 빨리 배를 채울 수 있는 패스트푸드의 대표로 손꼽히던 햄버거가 진정한 요리로 인정받은 것을 넘어서서 웬만한 고급 요리와 견주는 수준에 이르렀다.

'수제버거'는 그 표현에 대한 정확한 정의를 내리기는 어렵지만, 일반적으로 햄버거를 만드는 사람이 패티, 빵, 소스 등을 직접 조리하고, 다양한 개발을 통해 메뉴의 차별화를 이뤄낸 버거를 의미한다. 유기농 야채나 엄선한 소고기 등을 통해 만들어지는 수제버거는 획일적인 양념이나 재료를 벗어나 색다른 양념과 재료를 사용하기 때문에 좀 더 다양한 맛을 즐길 수 있다. 이는 결국 고급스러운 이미지를 창출하게 되는데, 기존의 햄버거 이미지와 차별화하며 나름의 고급화를 이뤄내겠다는 의도에서 탄생한 단어로 이해하면 될 듯싶다.

Q. '버거스테이'라고 하니 햄버거도 먹고 숙박도 할 수 있는 곳인가 보다. 보아하니 안거리 밖거리처럼 건물도 두 채이고, 숙박도 하시나요?

'스테이'가 잠자는 곳 숙소의 개념이 아니라 햄버거를 먹으면서 잠시 편안히 머물러 가는 곳이자, 단지 버거만 먹고 가는 것이 아니라 다양한 문화활동을 즐기면서 머무는 곳이었음 해서 이름을 그렇게 지었어요.

Q. 요즘도 1주일에 2~3번 햄버거를 먹을 정도로 굉장히 좋아하지만, 수제버거는 거의 먹어본 적이 없거든요, 많은 메뉴 중에 왜 햄버거를 선택하셨는지, 그리고 여기서 창업하게 되신 것도 궁금합니다.

사실 저도 장사는 처음이라,,,일단은 내가 있고 싶은 곳에서 하고 싶었고 다른 가게나 상권들과 크게 부딪치지 않으면서 할 수 있는 곳이 어딜까… 3개월 가량 제주도 여기저기를 둘러보다가 가장 맘에 든 곳이 여기였어요. 햄버거는 2012년에 뉴욕에 여행을 갔었는데 그때만 해도 지금처럼 뉴욕 쉐이크쉑 버거가 유명하지 않았을 때인데 그때 먹어본 그 쉐이크쉑 버거에 충격을 받아서,,,, 버거 안에 고기 패티가 미디엄으로 나온 거예요, 분홍빛 . 너무 놀랬죠~ 그 후로도 여러 곳의 여행지에서 꼭 햄버거를 먹었었던 것 같고 늘 인상적이었어요. 해서 햄버거는 내게 늘 기억에 남는 음식이어서 하게 되었고, 또 내가 하면 무조건 잘 될 것이다 라는 자신감이 있었어요. 그래서 시작한 건데 뭐 계속 적자네요. (웃음)

Q. 제주도에서 이제 임대료가 저렴한 곳을 찾기가 힘들 것 같은데 아니, 없을 것 같은데 여기 세화도 만만치 않으시죠?

제주에 온지는 5년차이고 창업은 이제 7개월 정도 되어 가는데요, 아무래도 임대료 부담이 제일 크고요. 많이 힘들기는 하지만 그래도 창업을 하기는 잘했다고 생각해요. 코로나 때문에 지금 힘들다, 단순히 코로나 때문이라고 할 수는 없고 그렇게 모든 원인을 돌리기도 싫지만, 아무튼 지금은 어렵기도 하고 잘 버텨야죠.

Q. 제주에 오신지 5년차이면 그동안엔 어떤 일을 하셨는지?

직접적으로 음식을 만들지는 않았지만 식재료 납품하는 일을 하면서 배운 것들이 많아요. 지금 가게 하면서 상당히 도움이 되고요 음식과 관련된 일은 쭉 하고 있긴 했어요.

Q. 지난겨울에 '배터지게 먹는 꿀' 그때 정말 참석하고 싶었는데 아쉽네요, 어떤 밋업이 열리시길 바라시는지요?

저는 이곳이 문화공간이었으면 좋겠어요. 문화라고 하니 너무 광범위하긴 하지만, 쉽게 말하면 어른들이 놀 수 있는 공간이요. 주말에 여유가 생기면 뭘 어디서, 어떻게 즐길지, 시간을 잘 보낼지, 남는 여유시간을 잘 활용하지 못하는 어른들이 생각보다 많더라고요. 이런 어른들이 모여서 아이들이 놀이터에서 자기네들끼리 알아서 재밌게 놀 듯이 자유롭게 편안하게 쉬고 즐길 수 있는 공간이면 좋겠지요.

Q. 어떤 밋업을 좋아하시는지요?

제가 있는 여기 마을 안에도 많은 가게가 있는데요. 동네 요식업종사자들끼리 모여서 자기계발을 할 수 있는 모임도 좋고요. 청년들이 힘을 합쳐서 구좌개발과 발전에 도움이 되는 콘텐츠도 개발하고 싶고 영화도 보고 같이 얘기 나누고 영화 속에 나오는 음식을 같이 만들기도 하고 이왕이면 여기 주민들, 청년분들과 같이 할 수 있었으면 좋겠어요.

Q. 공간이라던가 문화예술, 주민, 청년들과의 협업 이런 쪽으로 고민을 많이 하신 거 같은데 다른 분들과 같이 의견을 나눠보신 적이 있으신지요?

아직 저도 창업한 지 얼마 되지 않았고 어디서부터 시작해야 할지, 누구를 만나야 할지 잘 모르겠더라고요. 생각은 있는데 좀 막연하기도 하고요. (참고하시면 좋을 것 같아서 제가 제주마을 소도리문화연구소– 매거진 RE를 발간하기도 하고 마을극장도 운영하고 있음–를 소개해 드렸습니다)

Q. 혹시 지금 다른 밋업에 참여하시는 게 있으신가요?

독립영화 보고 평론 쓰기 밋업이 있어요. (우와~ 사장님 영화 쪽에 정말 관심이 많으시군요) 작년 혼디영화제라고 독립영화만 상영하는 영화제였는데 우연히 그쪽에 관심이 많아서 참여하면서 앞으로 버거스테이에서 영화도 보고 영화 속의 음식 만들기, 영화와 평론, 영화 보고 글쓰기 같은 문화활동을 생각하고는 있어요.

Q. 이건 다른 얘기입니다만, 사실 저희 인화로에서도 작년에 영화 보며 음식 나누기, 영화 속의 장소 찾아가기 이런 걸 하긴 했었고 영화를 주제로 프

로그램하는 단체도 있고 영화와 관련해서는 다양하게 많이들 하는 거 같은데 여전히 사람들이 원하고 좋아하시는 것 같죠?

사실 저희도 5월부터 하려는 것이 있긴 해요. 제가 공터라는 단체하고도 같이 활동하고 있는데요~ (공터? 빈집말고 공터????) 네 공터. 단체이긴 한데 사무실을 따로 두고 움직이는 건 아니고요, 작년에 만들긴 했으나 거의 활동을 잘 못 하다가 올해부터 음식과 영화평론에 대한 활동을 하려고 하고 있는데 마침 제주문화예술재단의 지원도 받게 되었어요. 곧 시작할 겁니다.

Q. 공터와의 활동 조금 더 알려주시지요.

5월부터 시작할거고요, 아마 수요일 오전에 영화를 보고 글쓰기 등 영화와 관련된 문화프로그램으로 진행하려해요. 장소는 이곳은 아니고 삼도2동에 있는 '문지방'이라는 곳에서 할 예정입니다. 홍보는 공터, 버거스테이의 인스타그램과 페이스북을 통해 알려드릴 거고요.

Q.음식 관련하여 다양한 탐색을 하신다고 들었는데 어떤 방법들로 하시나요?

주로 인스타그램을 이용하는 편이고요, 관심 있고 색다른 곳이거나 취향에 맞다 싶은 곳은 직접 가서 분위기도 살피고 맛보기도 하고 있어요. 인상적이었던 곳은 박찬일 셰프님이 계신 곳이었고요.

Q. 박찬일 셰프님이라면 몽로? 저는 그분이 글만 잘 쓰시는 줄 알았다니까요~ 혹시 직접 가봤거나 뵈었나요?

정말 너무 운 좋게도 지난 2월 말부터 1주일간 박찬일 셰프님이 운영하시는 몽로에서 함께 일할 수 있는 기회가 있었어요. 음식에서부터 고객을 대하는 법, 마음가짐, 인테리어와 환경적인 것들에 대해 많이 배우고 느끼고 왔습니다.

Q. 메뉴가 딱 두 가지예요. 가격은 동일하고요, 제가 먹은 건 풀드버거인데요, 메뉴 설명도 부탁드립니다.

풀드버거는 제주산 돼지고기를 10시간 이상 조리하여 고기를 부드럽게 만든 후에 얇게 찢어 BBQ 소스와 함께 나가고 있구요, 양배추와 비트로 색이 빨갛게 되어 있고 무와 톳이 들어간 피클이 같이 제공됩니다. 풀드는 돼지고기를 저온 조리한 걸 말해요~

Q. 풀드 이름이 어려워서 몰랐네요. 햄버거 하면 특유의 기름지고 묵직하다고 느끼는 경우가 많은데 고기도 충분한 데다 전혀 느끼하지 않고 담백하고 맛있네요~ 굿즈버거도 있던데 그 햄버거는 구입하면 특정 굿즈를 선물로 주는 건가요?

아~ 굿즈버거는 고기는 쇠고기가 들어가고요 아주 양질의 아메리칸 치즈와 에멘탈 치즈가 들어갑니다, '좋은(GOOD) 치즈'에서 굿즈버거로 이름을 지어봤어요.(웃음) 치즈 말고도 야채와 소스도 모두 좋은 것들만 들어있다는 뜻의 굿즈(Goods)이기도 하고요!

버거스테이에서는 거의 모든 식재료-돼지고기, 양파, 무, 비트 양배추가 제주산이고 테이크아웃을 할 때 포장 용기를 가져오면 감자튀김을 서비스로 주시고, 텀블러를 가져오면 커피가 천원 할인되는 등 제주의 환경과 제주의 농업인들과도 함께 하는 마음과 열정이 느껴져서 참 좋았다.
앞으로 햄버거도 먹고 다양한 문화활동을 경험할 수 있는, 주민들도 관광객들도 편하고 즐거운 공간으로 성장하시기를 응원합니다~!

원문 출처 : 제주스퀘어 밋업공간 인터뷰 (https://jejusquare.kr/JejuSpace/?q=YToyOnt zOjEyOiJrZXl3b3JkX3R5cGUiO3M6MzoiYWxsIjtzOjQ6InBhZ2UiO2k6Mjt9&bmode= view&idx=4838279&t=board)

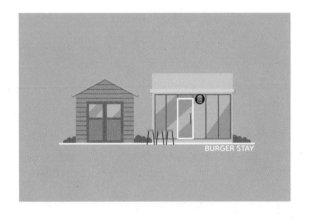

Local Magazine
Sarm

버거스테이, 먹고 마시고 머물러라!
#버거 #여행 #머물다 #문화공간

진태민은 현실과 이상의 틈에서 오랜 시간 단련했다. 여러 일을 하면서 자신을 알아갔고 18세부터 해온 요리가 가장 좋아하는 일이라는 것도 깨달았다. 그는 3년간 준비해서 2019년 9월 20일 버거스테이를 열었다. 주메뉴는 소고기 패티가 들어간 치즈버거와 돼지고기를 찢어서 만든 풀드포크 바비큐 버거다. 조리과정에 15분이 소요되며 주문이 밀리면 더 걸리는 슬로우푸드 음식점이다. 버거스테이는 메뉴인 '버거'와 '머물다'의 스테이를 합성해 지은 브랜드 네임이다.

Q. 버거스테이를 통해서 이루고 싶은 것이 있나요?

저는 여행을 좋아해요. 버거스테이의 스테이는 구좌읍 세화라는 작은 마을에 천천히 머물다 갔으면 좋겠다는 의미를 담고 있어요. 작년에 사람들과 함께 영화 보고 이야기 나누는 자리를 만들기도 했어요. 이곳이 음식과 문화가 함께하는 공간이 되기를 바라요.

Q. 버거를 선택하신 이유가 있을까요?

11년 전 쉐이크쉑 버거에 갔을 때, 쉐이크쉑 버거를 먹었어요. 근데 패티가 빨간 거에요. 미디엄으로 구워서 나온 거죠. 친구와 저는 컴플레인 해야 하나 고민했어요. 그곳에서는 원래 그런 건지 아닌지도 몰랐고 또 짧은 영어로 설명하기 어려웠어요. 그리고 그때 돈 몇 푼 아끼기 위해서 쉐이크 대신 콜라를 시켰거든요. 그 쉐이크쉑 버거가 지금은 프랜차이즈로 판매되지만, 거기서는 현장에서 다 만들어줬어요. 맛있는 버거였는데 저는 몰랐던 거죠. 미디엄으로 구우려면 신선한 고기와 기술이 있어야 하는데, 그걸 제가 몰랐어요. 그때의 추억과 지나고 나서 알게 되었을 때 느끼는 부끄러움에서 비롯된 내 자격지심이 지금 일의 원동력이 되어주었어요.

Q. 전공이 요리인데, 요리와 상관없는 일을 했다고요?

학교를 졸업하고 사회에 나오니 현실과 이상은 다르더라고요. 먹고 살려면 꿈을 좇기가 힘들고, 꿈만 좇으면 팍팍한 삶에 지치게 되더라고요. 요리 일은 근무 시간에 비해 급여가 적었어요. 저는 그때 뭘 좋아하는지, 왜 해야 하는지 잘 몰랐어요. 그래서 나 자신을 찾으려고 노력했어요. 판매업이나 조선소에서 일하면서 소위 현장에서 일 경험을 쌓았어요. 시간이 지나고 여러 경험을 쌓다 보니까 진짜 좋아하는 게 뭔지 생각했고 제주에 온 지 6년이 된 이제 조금씩 찾아가고 있어요.

Q. '버거'를 소재로 가게를 열기까지 어떤 과정을 거쳤어요?

여러 경험이 합해져서 버거스테이를 열 수 있었어요. 18살 때부터 요리를 했고요. 학교, 군대에서도 요리와 관련된 일을 했는데, 사회에 나왔을 때 요리에 대한 내 지식이 부족하다는 생각이 들었어요. 그래서 그 부족함을 채워나가고 싶다는 욕망이 컸어요. 제주에 와서는 야채 배달하는 일도 했고요. 동문시장 야시장에서 음식 파는 일도 했어요. 그러면서 내가 하는게 모든게 요리와 연결되어 있다는 것을 알게 되었어요. 책 사는 것을 좋아해서 출판사에서도 일했는데요. 제가 처음에 제주에 정착 할 수 있게 도와주신 분이 그 출판사 대표님이에요. 대표님이 꿈을 잃지 않도록 요리를 소재로 한 콘텐츠를 중간중간 던져주셨어요. 그렇게 차츰 단계를 밟아갔어요.

Q. 버거스테이 메뉴는 어떻게 만들었어요?

다양한 종류의 버거가 있는데요. 그중 번, 치즈, 패티, 이 세 가지로만 맛을 내는 버거를 만들고 싶었어요. 시작할 때는 번, 패티, 치즈 위에 소스만 올라 갔었거든요. 근데 제 생각과 소비자의 생각이 다르더라고요. 그래서 루꼴라라는 야채를 올렸어요. 두 가지의 주메뉴가 있는데요. 한 가지는 치즈버거, 다른 하나는 한국인은 잘 먹지 않는데 돼지고기를 찢어서 만든 버거에요. 앞으로는 시즌별로 메뉴를 더해서 세 가지 버거를 준비하려고요.

Q. 버거스테이만의 철칙이 있나요?

첫 번째가 신선한 재료를 취급하는 거에요. 근데 다른 가게에 비해 가격이 조금 높아요. 가격을 낮추고 합의점을 찾을 아니면 제가 원하는 재료를 제공하고 합당한 가격을 받아야 할지 고민했는데요. 결론은 맛있는 재료로 신선하게 만들고 싶다는 거에요, 다행히 제가 찾아가는 방향이 맞다는 생각이 조금씩 들어요. 두 번째는 시간인데요. 저희가 11시 반에 시작해서 저녁 9시에 끝나요. 오시는 분들 모두 드시고 갈 수 있게 재료 소진 없이 운영하려고 노력합니다.

Q. 두 가지 철칙 모두 재료와 관련이 있네요?

어느 날에는 10을 판다면 어느 날에는 3만 팔 수 있어요. 그러면 재료를 어떻게 맞춰 나가야 할지 고민인데요. 그때마다 조금씩 여러 번 준비하는 과정을 거쳐요. 100퍼센트 제주산은 쓸 수 없지만, 제주에서 나는 식재료를 쓰려고 노력해요. 판매처를 여러 군데 찾았고, 지금도 찾고 있고요. 소고기는 미국산을 사용하고 돼지고기는 제주산을 사용하고 있어요.

Q. 그렇다면 버거스테이에서 '스테이'는 어떤 방법으로 이뤄지나요?

작년에는 4월부터 10월 매달 한 번씩 모여서 음식 영화를 보고 이야기 나누는 자리를 마련했어요. 올해는 독서 모임을 만들고 싶어요. 음식과 문화와 역사에 관련된 책을 다섯 권 선정해서 마을 분들과 진행하면 재밌을 것 같아요.

Q. 작년 모임은 어땠어요?

그것도 이상과 현실이 조금 달랐는데요. 저는 "오세요" 하면 되는 줄 알았는데 기획과정이 필요하더라고요. 사람들이 왔을 때 어떻게 해야 하고, 어떤 이야기를 해야 하고, 어떤 질문을 해야 하는지 그 과정을 배웠어요. 음식만 만들고 일만 하면 다른 생각을 얻기가 조금 어려워요. 만나던 사람만 만나고 하던 일만 하다 보면 다른 사람의 생각을 듣기 어렵거든요. 매달 한 번씩 모이는 그 시간이 저한테 리프레쉬가 되었어요. 또 버거스테이의 정체성을 찾아가는데 큰 도움이 되었고요.

Q. 버거스테이의 정체성이 뭔지 궁금한데요?

제가 히말라야에 올라간 적이 있거든요. 마을마다 가정집인 숙소가 있는데, 거기서 음식을 해주세요. 그러면 다양한 나라 사람들이 모여서 느긋하게 이야기를 나누거든요. 아침에 출발할 때는 동료가 되죠, 마을이 크지 않으니까 저녁에 다시 만날 수 도 있어요. 저는 그 과정의 느긋함을 표현하고 싶었어요. 천천히 머물다 보면 서로의 문화가 섞이는 것이 가능하겠더라고요.

Q. 흔히 버거는 빠르게 먹는 간편한 음식처럼 보이지만, 대표님은 오래 머무르고 서로의 문화를 교류하는 느긋함이 공존하기를 원하세요. 현실과 이상에서 균형을 찾아가고 있을 텐데요. 균열이 생길 때는 어떤 노력을 하는지요?

정해진 시간에 문을 열고 일상에 익숙해지는 게 가장 중요해요. 매일 같은 시간에 문을 열고 닫는 일상에 익숙해지는 게 가장 중요해요. 매일 같은 시간에 문을 여는 게 어떤 사람에게는 당연한 일이지만 어떤 사람에게는 굉장히 어려운 일이거든요. 그것을 초반에는 제가 잘 몰랐어요. 내가 원할 때 문 열고 내가 원할 때 음식 팔면 소비자가 와서 먹겠지!라고 생각했어요. 근데 손님들이 오는 시간이 하루에 언제가 될지 모르잖아요. 또 만원 팔던 가게인데 천원 팔았다고 해서 슬퍼하거나 힘들어하면 일을 지속하기 어렵겠죠. 물론 만원 팔던 가게니까 10만원을 목표 삼을 수는 있어요. 그래서 목표를 이뤘을 때는 잠시 기쁘겠지만 다음날 정해진 시간에 문을 열어야 해요.

원문 출처 : 제주 로컬매거진 SARM 4호 (여름호) https://inplanning.co.kr/product/sarm4

BURGER STAY

BURGER STAY

* 지구를 위해 친환경재생지를 사용합니다.

제주에서
내 식당
창업하기

초 판 1 쇄	2021년 9월 20일
디 렉 팅	주식회사 요술콩
지 은 이	진태민
표지디자인	(주)오요리아시아
펴 낸 곳	하모니북

출 판 등 록	2018년 5월 2일 제 2018-0000-68호
이 메 일	harmony.book1@gmail.com
전 화 번 호	02-2671-5663
팩 스	02-2671-5662

ISBN 979-11-6747-012-6 03320
ⓒ 진태민, 주식회사 요술콩, 2021, Printed in Korea
값 17,600원

이 도서의 국립중앙도서관 출판예정도서목록(CIP)은 서지정보유통지원시스템 홈페이지
(http://seoji.nl.go.kr)와 국가자료공동목록시스템(http://www.nl.go.kr/kolisnet)에서
이용하실 수 있습니다.